「編集の文法チェックシート」でマスター

才能に頼らない文章術

JN215790

はじめに

　ここ5〜6年で、インターネットによる情報発信が爆発的に増えてきました。さまざまなWebメディアが立ち上がってきています。また、個人での情報発信をサポートするサービスも増えてきました。古くはブログやメールマガジンを筆頭にして、最近ではnote（https://note.mu/）など、自分で書いた文章に対して自由に価格をつけて販売するサービスなども出てきています。

　Webによる情報発信が当たり前になってきたことで、これまで自己流でどうにか書いてきた方々や、今まであまり文章を書く機会がなかった方にまで「書く」ことへのニーズが高まってきています。

　こういった背景を受け、**短期間で文章力をアップさせるための方法論をまとめたのが本書です。**

　私はふだん、編集スキルをもとにしたエディトリアル・コンサルタントとして、社会に貢献したい企業の社長や、コンサルタントや士業などの専門家のみなさまに向けて、確実に「伝える」ことに特化したプログラムを提供しています。

　伝え方、情報の出し方を少し変えるだけで反応は劇的に変わるものです。**本書は、そのプログラムから、特に文章力の向上に特化した部分を抜粋したものです。**

自社のWebサイトのリニューアルを機にコンテンツを執筆していく方や、企業のオウンドメディアの担当者、自分の提供するサービスを相手にわかりやすく伝えたい士業の方や専門家など、文章力を身につけたい方・高めたい方々に、ぜひ読んでいただければと思っております。

文字であふれている今こそ、編集者の視点が必要

　みなさんは、タイトルに引かれてWeb記事の本文を読み進めてみたけれども、タイトルに対する回答がなかったのでがっかりしたことはありませんか？　あるいは、記事を一通り読んでみたものの何が言いたいのかわからない、主張していることの根拠があいまいで納得感がない。

　残念ながら、このような記事が急増しています。それはなぜでしょうか？　それは、編集者の視点をもたないままに記事が書かれているからです。

　Web上のコンテンツが大量に増えて、文字の洪水とも言えるほど文字があふれている今こそ、編集者の力が必要になってきていると感じています。

　本書では、主にWebでの情報発信を念頭におきながら、**「編集者の視点をもって執筆する力」（これを本書では、「編集執筆力」と呼ぶことにします）を解説**していきます。

読者の視点をもたないと、伝わらない

あるとき、弊社のビジネスパートナーから、「自分の言葉じゃないと自信をもって伝えられない」のだけれど、「相手に伝わっているのかがわからない」という相談を受けました。

その瞬間「自分の言葉を使っているから相手に伝わらない」という回答が、私の頭の中を駆けめぐりました。**伝えたいことが相手に伝わらないのは、相手の立場に立った「言葉」を使った説明ができていないからです。**
そう、**彼は読者の視点をもたず、自分の視点だけで文章を書いていたのです。**
詳しくは第1章で紹介しますが、この読者の視点をもつというのが、編集執筆力のポイントです。

文章力は生まれもった才能だと言われたりしますが、**編集執筆力は才能ではありません。**「相手がいつも使っている言葉を使う」「相手の価値観にそった言葉や表現を選ぶ」など、ポイントを押さえることで伸ばしていくことができます。
つまりこれは、誰もが身につけられるスキルなのです。本書では、編集スキルを31の**編集の文法**として体系化したものを、あますところなく紹介します。そして、これらをまとめたのが「編集の文法チェックシート」です。これを活用し、**相手の価**

値観にそって文章を組み立てていくことで、共感や信頼を得られる文章が書けるようになります。

なぜ、編集スキルを体系化できたのか

　出版業界には、私よりもはるかに長いキャリアをもち、高い編集スキルをもつ先輩方がいます。しかし、編集執筆力を体系化し、それを人に教えられるスキルをもっているのは私だけだという自負があります。

　というのも、私には、システムズエンジニアリングを学んだという、先輩方とは異なる経験があるからです。

　私は、社会人になって編集者として研鑽を積むかたわら、2013年4月〜2015年3月まで、社会人学生として慶應義塾大学大学院システムデザイン・マネジメント研究科で「システムズエンジニアリング」という学問を学びました。今でも研究員として研究を続けています。
　そこで学んだ知識を用いて、編集スキルを「システム」としてとらえて、執筆にあたるスキルを体系化したものが、本書で解説する「編集の文法」です。

　この点について、もう少し詳しく説明しましょう。

システムズエンジニアリングにおけるシステムとは、「複数の構成要素から成り立つ集合体」を意味しています。「システムキッチン」がシステムを理解するにはとてもよい例です。システムキッチンは、「包丁」「まな板」「調味料置き場」「調味料」などの複数の要素から成り立つ集合体です。システムズエンジニアリングでは、複雑なシステムを、要素分解してシステムを分析していきます。

　つまり、システムズエンジニアリングの学術的な考え方にそって考えることで「編集」を「システム」ととらえ、編集を形づくる要素に分解していくことができるのです。

「このアプローチで、編集スキルを体系化できるのではないか？」

　あるとき、ハタとこの問いに立ち向かいたくなりました。
　多くの編集者は、編集スキルを体系立てて明確に教えられたことはありません。基本的に編集スキルは「現場で、先輩の動きを見て学びとる」ものなのです。

「編集スキルを体系化できれば、多くの人に編集者のもつ視点で文章を書く方法を伝えられるようになる」

　その一心で、編集スキルの体系化を自分の研究テーマとし、

編集の文法チェックシートの作成を開始しました。そして、実際にシートを用いて学術的な検証をしたところ、本チェックシートによって文章スキルが上がるという定性的な検証結果を得ることができました。

　若輩で経験もまだまだな私ではありますが、本書には、今まで経験してきたこと、学んだことのすべてを結集しました。みなさまのお役に立ち、スキルアップに向けたお手伝いができれば、これ以上の喜びはありません。

INDEX

目次

はじめに

文字であふれている今こそ、編集者の視点が必要 ……… 3

読者の視点をもたないと、伝わらない ……… 4

なぜ、編集スキルを体系化できたのか ……… 5

第1章
編集者はどのように文章を直すのか？

編集者は常に読者のことを考えている ……… 18
 ライターと編集者の違い ……… 18
 編集者の武器は読者の視点をもっていること ……… 20
 編集者は文章の目的を意識して執筆する ……… 21

編集者は「伝わる内容」にする ……… 24
 相手に伝わりやすい文章の5つの基準 ……… 25

第2章
チェックシートを使って編集執筆力を身につけよう

編集執筆力は、4つのスキルで構成されている ……… 32

編集の文法チェックシートの3つのレベル ... 34
　　文章基礎力とは、文章の基本ルール ... 36
　　文章表現力とは、段落単位で相手に伝える表現力 ... 36
　　文章構成力とは、文章の目的が達成される構成力 ... 37
編集の文法チェックシートのメリット ... 38
　　自己採点により成長が加速する ... 38
　　添削をお願いできる／添削ができるようになる ... 38
　　成長過程がわかるため、つらくない ... 39
本書で扱う文章の範囲 ... 40

第3章
文章基礎力を磨く「編集の文法」

正しい文法が使われているか？ ... 42
文体は、読み手からの信頼度を左右する ... 49
表記ルールは、読みやすさにつながる基本ルール ... 56

第4章
文章表現力を上げる「編集の文法」

単語1つが文章のわかりやすさを左右する ... 66

文の単位で陥りやすい文章表現 70

段落単位で発揮できる文章表現 82

第5章
文章構成力を鍛える「編集の文法」

タイトルは文章の本質をとらえているか？ 103

見出しは全体の構成を支える要素 111

全体構成を明確にすると説得力が増す 116

第6章
文章に求められるロジックとは

文章には論理と感性の両方が必要になる！ 130

 なぜ文章には論理と感性の両方が必要なのか 131

 論理と論理的とロジカルシンキング 134

論理的な文章に必要なロジカルシンキング 135

 MECE 136

 So What? / Why So? 138

ピラミッド構造...139
論理×感性の文章＝文章ロジックとは.....................................141
MECEではなくてもMECE感があればよい...............................142
根拠は主観でもかまわない...142
Why So?はすべての人が納得できるものでなくてもよい...143

第7章
共感を得られる文章を書くには

相手に刺さる文章とは？..146
読者のメガネをかけて、相手に刺さる言葉を探す..................147
共感マップ...148
カスタマージャーニーマップ...151

第8章
書いてみる、添削してみる！

上達のコツはまねること——要素と構成をまねてみよう..........158
ニュース記事の場合...159
スポーツ記事の場合...160
書評の場合...162

ケース・スタディで学ぶ添削例 ... 164
- Before ... 165
- 添削例 ... 168
- After ... 174
- レベル1　文章基礎力の添削 ... 176
- レベル2　文章表現力の添削 ... 181
- レベル3　文章構成力の添削 ... 187

第9章
書き手に求められるメディアマインドとは？

「正しい」文章を書くのがメディアの役割 ... 194
「正しい」の定義とは？ ... 196
メディアマインドとは心のあり方 ... 198
メディアマインドを身につけるために ... 199
- ハフポスト日本版 ... 200
- BuzzFeed Japan ... 213

おわりに
編集スキルはあらゆる場面で役立つ ... 228
謝辞 ... 229

第 1 章

編集者はどのように文章を直すのか？

本書では、文章力を向上させるため、「編集者の視点をもって執筆する力」（＝「編集執筆力」）を身につけるために必要なことを伝えていきます。

まずみなさんにお伝えしたいのは、この編集執筆力は才能ではないことです。後天的に身につけられる「スキル」なので、安心していただきたいと思います。

そもそも、私は、エディトリアル・コンサルタントとして編集スキルを教えていますが、文章を書くことに対して「自分に才能がある」と思えたことがありません。

私が初めて多くの人に読んでもらうことを前提に文章を書いたのは、中学1年のときでした。当時の私は、新聞記者になりたいという夢をもっており、中高一貫の中学校に入学すると同時に新聞部に入りました。

初めて担当した記事は、国語のS先生へのインタビュー記事でした。先生に1時間ほど時間をもらってインタビューをして、それをもとに原稿を起こします。高校1年の先輩がインタビューしてくれた内容をカセットで録音し、その音声をもとにしながら、「とにかく書いてみて」と言われて、原稿を書いたのを覚えています。

悪戦苦闘して、それこそ何度も書き直して先輩に原稿を提出しましたが、結局、私の原稿は1文字も使ってもらえませ

でした。書き直しを命じられることもなく、先輩が書き直した原稿が学校新聞に掲載されたのです。

　今思えば、3年もキャリアが上の先輩のほうが、文章がうまいのは当たり前です。ですが、当時の私は「私には才能がないんだ……」と、深く落ち込んだのを覚えています。でも、そのあとどうしたか。負けず嫌いな私は、必死にトライを繰り返しました。その努力は、大学時代に毎日新聞で学生記者をしていた頃も、社会人となり雑誌編集者となって連載を担当し、ニュース記事を執筆していた頃まで続きます。書き直しの指示があれば、自分なりにどこが悪かったのかを考えて書き直して原稿を再提出しました。とにかく、劣等生だったわけです。

　だからこそ自信をもって言えます。編集執筆力は才能ではありません。後天的に身につけられる「スキル」です。悪戦苦闘を続けた経験があったからこそ、つまずきやすい箇所もわかります。見よう見まねで覚えた文章を執筆する力と編集スキル。それを体系化し、伝えられるものに落とし込んだのが本書です。

　第1章では、編集執筆力のノウハウを紹介していく前に、執筆するうえで大前提となる編集者のもつ2つの価値「常に読者の視点で考えること」と「伝わる内容にすること」について説明します。

　この2つの価値をもっているかどうかが、単なる文章力と

編集執筆力を分けるカギとなります。それぞれについて、見ていきましょう。

編集者は常に読者のことを考えている

「常に読者の視点で考えること」の価値を理解していただくために、ライターの業務と編集者の業務とがどう異なるのかを説明します。

ライターと編集者の違い

　初めてお目にかかる人に自己紹介するとき、情報発信のコンサルティングをしていますと話すと「ライターと編集者って何が違うんですか？」と質問を受けることがあります。みなさんは、この両者の違いがわかりますか？

「ライターは文章を書く人で、編集者は本をつくる人」という回答を思い浮かべた方、惜しい。7割正解です。たしかに、編集者はあまり文章を書きません。しかし、編集者が文章を書かないというわけではありません。書店さん向けに用意する注文書を書いたり、帯のキャッチコピーやチラシなどにいれる文言を考えたりもします。

ライターと編集者の違いは、本づくりのどのフェーズに主に関わるのか、というところにあります。

　図1-1を見てみましょう。本づくりには、企画、取材、執筆、編集、校了、販売という6つのフェーズがあります。

　企画は、書籍や連載などの企画を通すフェーズ、取材は実際に取材対象にアポを取って取材を実施するフェーズ、執筆は取材した内容を執筆するフェーズ、校了は「校正完了」という意味を表す業界用語で、つまり、作業が終わったことを意味するフェーズ。そして最後が販売のフェーズです。

　取材と執筆に強みをもち、ここを主な業務範囲としているのがライターです。それに対して、編集者は「6つのフェーズをすべてカバーして業務をこなしている人」というのが私の定義です。

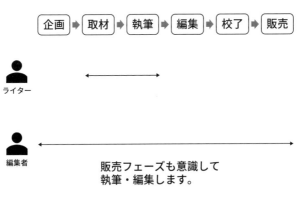

図1-1　ライター、編集者の業務範囲

編集者は販売フェーズ、つまり、読者にどう届けるかということも意識しているのです。書店で目に留まるタイトルやキャッチコピーを求め、どういった本のタイトルにするべきか、どんなキャッチコピーが響くのかをとことん考え抜くのです。

　企画フェーズはもちろん、執筆・編集フェーズでも、販売フェーズのことまで考えて内容をつくり込み、文章を編み込んでいくのが編集者です。

編集者の武器は読者の視点をもっていること

　「編集執筆力」は、図 1-1 にある 6 つのフェーズのうち、執筆と編集フェーズで必要な編集スキルです。編集者はライターや著者に執筆を依頼し、できあがった原稿を編集しますが、この際、読者の存在を常に意識して編集作業をしています。

　企画フェーズで明確にした読者層に合わせて表現を変更したり、構成を組み替えたりするのです。

　では、編集者の思考プロセスの中で、何がいちばんの武器になるでしょうか？　それは、**「常に読者の視点をもって文章を執筆、編集すること」**により、**「文章の目的」**を考えていることです。編集者は読者の視点をもち、読者に対してどういったことを訴える文章にしようかという目的を常に考えています。

編集者は文章の目的を意識して執筆する

　文章は、目的を含めて次の3項目が定まっていないと書き出すことができません。

・誰に
・何の目的で
・何を伝えるか

　文章が書けない、なぜか筆が進まなくなるといった経験を、あなたもしたことがありませんか。文章が書けないのは、あなたに文章力がないからではなく、「何を情報発信すればよいのかわからない」状態になっているからです。**書く材料が見つからないために「文章が書けない」状況になっているのです。**

　そこから脱却するのに必要なのが、「誰に」「何の目的で」「何を伝えるか」です。編集者は、企画段階で明確になっているこの3つを軸にして、文章を組み立てています。

1.「誰に」が明確になることで決まること

「誰に」、つまり、読者を明確にすると、おのずと、リード（文章のはじまりの部分）や文体（ですます調、である調）が決まります。

　たとえば、東洋経済や日経新聞、日経ビジネスなど男性読者

が多い媒体の記事を読んでいると、男性が興味をもちやすい内容をリードにしていることがわかります。また、女性雑誌で「二の腕特集」の記事があったとすると、「半袖になって二の腕が出る季節になりました」といった、女性が気になるポイントにふれたリードを書くことになるでしょう。

文体については、読み手が小学生だった場合を考えるとわかりやすいでしょう。10歳前後の子どもにふさわしいのは、やさしい印象のですます調ですね。このように、「誰に」が決まることで、リードや文体が決まるのです。

2.「何の目的で」が明確になると「何を伝えるか」も決まる

集客目的でイベントの概要を告知する記事を書くのであれば、その文章の目的は「イベントに来てもらう」です。**目的の達成を考えると、おのずと、記事の中にいれるべき内容（「何を」）が決まっていきます。**

ここで、中学生向けのイベントの開催告知記事を書くケースを題材に、3つの視点で整理してみましょう。

「誰に」には、「中学生」が入ります。読者が中学生と決まったことにより、リードと文体が決まっていきます。たとえば、「夏休みの自由研究」といったキーワードを盛り込んだリードを書くことで、中学生の興味を誘うのです。文体も、大人を意

例）中学生にイベント開催の告知記事を書く場合

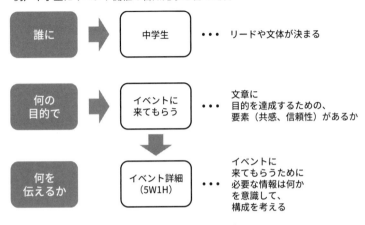

図 1-2　文章には目的がある

識しはじめる年頃であることを考慮して、である調を用いるなどと決めることができます。

　次に「何の目的で」には、「イベントに来てもらう」が入ります。目的が明確になると、「何を伝えるか」が決まっていきます。この記事の場合、中学生がイベント会場に向かう場合に必要な、何時に開催されるのか、どこで開催されるのか、どの駅に行けばいいのか、イベントの受付はどこにあるかといった5W1Hの情報をいれる必要が出てきます。

　このように、すべての文章に目的があります。そして、3つの視点で整理することで書くべき内容が決まっていきます。ど

んな文章を書いてよいのかわからないときには、文章の目的を見失っていることがよくあります。

　書くことに迷ったら、目的に立ち返る。覚えておきましょう。

編集者は「伝わる内容」にする

　編集者の価値の2つめは、文章を相手に伝わる内容にしていくことです。

　編集者は、著者やライターが書いてくれた原稿を受け取ると、そこに手を加えていきます。「読者が迷いなく読み進められる形に文章を整える」ことを、出版業界では「原稿整理」と言います。

　原稿整理では、文章の意味を読者が取り違えることがないように「。」（句点）や「、」（読点）の位置、「てにをは」を含めた文法を直すほか、文章の構成の整理もしていきます。文章の構成を整理するとは、文章を滑らかに読み進められる状態にすることです。文章の構成が成立しているかをチェックするには、ロジックが必要になります（文章のロジックについては第6章で詳しく説明します）。

　編集者は、こういった一連の作業をしながら、読者に伝わる文章を生みだしているのです。

相手に伝わりやすい文章の5つの基準

では、相手に「伝わる」ためには、どういったポイントに気をつけて文章を書けばよいのでしょうか？

Webで気軽に情報発信できるようになった背景を受けて、先日、会社で広報担当者に抜擢されてしまい、困っていると弊社に相談に来られた方がいらっしゃいました。聞けば、学校では、作文のお作法は習ったものの、「相手に伝わる文章の書き方」を教わったことはないと言います。この点について、たしかにその通りだと納得される方は多いのではないでしょうか。

伝わる文章は、次の5つの基準をクリアしています。この5つの基準は、編集執筆力の大前提となる知識です。きちんと理解したうえで、先に進むようにしてください。

1. 相手の見る視点（横軸）と合っている
2. 相手の見る抽象度（縦軸）と合っている
3. 自分の言葉を不用意に使わない
4. 相手の業界の言葉、専門用語を使っている
5. 相手の過去の経験と合っている

基準1　相手の見る視点（横軸）と合っている

　たとえば、会社で新規事業の企画書を書いて提案する必要があるとしましょう。何日もかけて準備した企画書を上司に出してみたところ「なんか違うんだよね、書き直して」と言われてしまいました。

　こういったときに陥っているのが、おたがいに見ている視点がズレている状況です。たとえば、上司は5年後、10年後の事業分野の「成長性」を見ているのに対し、部下は事業展開の「実現可能性」について記述しているなどです。視点の横軸がズレてしまうと、なかなかうまく伝わりません。

基準2　相手の見る抽象度（縦軸）と合っている

　何かを説明する際、「きちんと伝えようとすればするほど、細かいことまで書かなければいけないように思えてくる」という落とし穴があります。

　しかし、細かなことまでていねいに書かないと伝わらない、というわけではありません。相手の見ている抽象度に合わせて必要な情報を出していくことが必要なのであり、相手が興味のない箇所について細かく説明すると、むしろ伝わりにくくなってしまいます。

基準3　自分の言葉を不用意に使わない

3つめの基準、「自分の言葉を不用意に使わない」は、その言葉の通りです。読者が使っていない独自の言葉は、使うべきではありません。

たとえば、先日取材をしたある方は、「利己」（自分一人だけの利益を計ること：広辞苑第7版）という言葉を、「自利」（自分の利益：同）と表現していました。どちらも同じような意味の言葉ですが、「自利」は一般的な国語辞典には掲載されていないこともある、あまりなじみのない言葉です。「利己」で問題ないのであれば、そちらを使うべきです。

どうしても「自利」という言葉を使いたい場合は、「利己」ではなく「自利」を使っている理由を、文章中のどこかで説明すればよいでしょう。

基準4　相手の業界の言葉、専門用語を使っている

ITの書籍であれば、サーバー、データベース、シンクライアント、プロトコルなどのほか、略語としてIP、DNS、NAS、SaaSなどを当たり前のように使ってもかまわないでしょう。業界用語・専門用語というのは、業界に属さない人にとってはわかりづらい言葉の典型例ですが、業界内の人にとっては当たり前の用語なので、使ったほうが伝わりやすくなります。

また、その業界に詳しい書き手だという信頼を得られるとい

う副産物もあります。

ただし、業界に属さない人にはまったくわからない言葉なので、相手の業界が違う場合には注意が必要です。老若男女、広い人々が読者対象の雑誌や新聞の場合、こういった専門用語には必ず説明が添えられています。

基準5　相手の過去の経験と合っている

相手の過去の経験に合わせた説明になっているかというのも大切なポイントです。

若手社員と熟練社員を組ませて現場でOJTをしているけれど、いまいち結果が出ていないという話をよく耳にします。こういった場合、相手の経験に合った説明ができていない可能性があります。

たとえば、身だしなみが悪い新入社員に対して、「社会人になったのだから、身だしなみに気をつけろ」と説明したところで、社会人としての経験が浅い新入社員に、本質的な意味は伝わりません。

そこで、たとえば、サークルや部活など学生時代の組織に置き換えてみて説明するのです。
「身だしなみの悪い人が部長を務めていたことはあるか？」
「素行のだらしない上級生から頼まれたときにどう思ったか」
など、新入社員が経験したことがある事例に合わせるのです。

実感をもって考えることができれば、「信頼度が下がる」という本質的な意味も伝わるはずです。

コラム　難しい用語を使わないで説明する方法

　士業や専門家の方から「専門用語を使わないでクライアントに説明するにはどうしたらよいか」という相談をよく受けます。

　まずは、自分が書いている文章の目的に立ち返ってみてください。誰を読者に想定していますか？　説明したいことがらの本質的な点を、相手の過去の経験に引き寄せて説明できていますか？
　専門用語を使わないで相手に伝えるコツは、そのつど、伝わりやすい文章にするための5つめの基準「相手の経験に合わせた言葉」を使うのが基本です。
　編集執筆力では、常に読者を想定して文章を執筆します。この点を意識するだけでも、自分で書いた文章が、相手に伝わるようになります。

　伝わったかどうかについては、相手の反応（フィードバック）を見るようにするとよいでしょう。私自身、自分のスキル

が心配になるときがあります。そういったときには、友人の編集者に原稿を渡して（秘密保持契約を結んでいない原稿や、すでに公開された原稿）、フィードバックをもらう機会をつくるようにしています。

　第1章では、編集者の思考プロセスと、文章の目的、相手に伝えるために必要なポイントについて説明してきました。これらは、編集執筆力を磨いていくうえでの大前提となる知識です。この思考プロセスをもっているかどうかで、文章の表現などすべてが変わっていきます。
　第2章では、いよいよ編集執筆力を身につけるための「編集の文法チェックシート」を紹介します。

第 2 章

チェックシートを使って編集執筆力を身につけよう

編集執筆力は、
4つのスキルで構成されている

　編集執筆力とは、編集者の視点をもって文章を執筆する力のことで、出版のライフサイクルの中の「執筆」「編集」のフェーズで必要となるスキルのことでした。繰り返しになりますが、この編集執筆力は才能ではありません。後天的に身につけられる「スキル」です。

　編集執筆力は、文章基礎力、文章表現力、文章構成力、そして、メディアマインドの4つのスキルから構成されています（図2-1）。

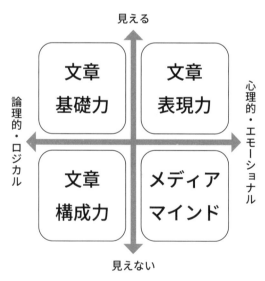

図2-1　編集執筆力に必要な4つのスキル

文章基礎力とは、文章を執筆するうえでの表現上のルールを知っているかどうかなど、基礎的なスキルを指します。文章表現力とは、段落単位での文章の表現力です。これらのスキルは文字で明確に確認できる見えるスキルに該当します。

　文章構成力とは、文章全体の構成力を問うスキルです。構成は文字をしっかりと読んで内容を把握するものであり、見えるものではありません。また、メディアマインドというのは私の造語で、「情報を発信するメディア人としてもつべき心のあり方」についてのスキルと定義しています。心のあり方も見えないスキルです。

　本書では、文章基礎力、文章表現力、文章構成力については、具体的なノウハウを「編集の文法」という形で第3章～第5章で解説します。合計31の文法を紹介しますが、それらの中で補足すべき内容について第6章、第7章で掘り下げて解説していきます。

　残るメディアマインドについては、第9章で取り上げます。いくら技術を磨いても、心のあり方を学んでいないと「正しい」情報発信はできません。メディアマインドで求められる考え方について、ハフポスト日本版とBuzzFeed Japanの取り組みを通してみなさんに伝えていきたいと思います。

編集の文法チェックシートの
3つのレベル

　編集の文法チェックシートでは、編集者が狭義での「編集」（原稿整理）をする際に無意識のうちに行っていることを可視化しています。暗黙知として伝えられてきた約束事を明文化したものを「編集の文法」と名づけ、それをまとめたものです。編集執筆力の中では、文章基礎力、文章表現力、文章構成力という3つの部分についてのスキルに該当します。

　チェックシートには、評価ポイントとその判定ポイントが示されています。レベル1の文章基礎力から、レベル2の文章表現力、レベル3の文章構成力までを、無理なく積み上げながら、身につけることができます（折り込みのシートを参照ください）。

　嘘か本当かわかりませんが、野球界の「ミスター」こと長嶋茂雄さんの人柄を表すエピソードで、「ビューっと来た球を、バシンと打つ」というバッティング指導をしたというエピソードをご存じでしょうか。編集現場で編集スキルを伝える際には、この感覚に近いものがあります。
　編集者は、自分の「感性」で、読者にわかりやすく伝える文章をとらえている傾向があり、編集はできるけれど、その技術

を人に伝えるときに言語化できない傾向があります。もちろん、中には具体的に技術指導できる方もいて、後輩の文章を添削して、どこができていなかったか、できたかをフィードバックしています。しかし、言語化できる人は多くないというのがこの業界を生きてきて、そして、周囲の話を聞いてみて感じる肌感覚です。

　ちなみに、結果として、どういった技術指導をすることになると思いますか？　なんと、「やり直し」のひと言だけで、具体的にどこを直せばよいかの指導がないままで書き直しになるか、せいぜい「（先輩方が編集した）原稿を読んでやり直してこい」といったアドバイス（？）を受ける程度です。

　私は、雑誌から編集者の経歴をスタートしたため、チームの足を引っ張らないようにという配慮から先輩から添削を受ける機会があり、恵まれていました。しかも、できていない箇所を具体的に言語化できる先輩にOJTを担当してもらえたのです。ただし、これはレアなケースです。
　元編集者で今はライターをメインに仕事をしている友人は、フリーランスになってから、週刊誌のデスクにとにかく鍛えられたと話していました。これは裏を返すと、出版社にいた時代には特に指導をされなかったことを意味しています。

チェックシートには、こういった現場でたたき込まれ、培ってきた「編集するうえでの決まりや書き方」、まさしく「編集の文法」をまとめました。**このチェックシートを使って無理なくスキルアップしていきましょう。**

文章基礎力とは、文章の基本ルール

　文章基礎力とは、文章を執筆するうえでの表現上のルールを知っているかどうかなど、基礎的なスキルを指します。文章基礎力の高い文章というのは、正しい文法が用いられている文章、正しい表記ルールが用いられている文章のことです。明確な判定基準がある、文章の読みやすさ（可読性）と直結するスキルです。

　チェックシートではレベル1のスキルに該当し、「文法」「文体」「表記」の構成要素ごとに評価ポイントと判定ポイントが設けられています。

文章表現力とは、段落単位で相手に伝える表現力

　文章表現力とは、読み手に対して文章の意味や意図を伝える力です。文章表現力が高い文章というのは、意味や意図がわかりやすい文章、読み手を共感させる文章のことです。

　文章の表現力自体は「文」単体でも表せるのですが、「文」

の単位だと内容も含めて相手に伝えられているかの評価が難しく、「文」がある程度まとまった「段落」単位で評価するように設計しました。

　チェックシートではレベル2のスキルに該当し、「単語」「文」「段落」の構成要素ごとに評価ポイントと判定ポイントが設けられています。

文章構成力とは、文章の目的が達成される構成力

　文章構成力とは、文章全体の読解が可能であり、目的が達成されている文章に仕上げる力のことです。長い文章になればなるほど、書き手には論理的な思考力が必要となります（なお、文章の作成に論理的な思考力が必要であることは、ベストセラーとなっている『ロジカル・ライティング―論理的にわかりやすく書くスキル』［照屋華子著、東洋経済新報社刊］をはじめ、多くの書籍で指摘されています）。

　チェックシートではレベル3のスキルに該当し、「タイトル」「見出し」「全体構成」の構成要素ごとに評価ポイントと判定ポイントが設けられています。

　文章基礎力と文章表現力は、それぞれ第3章、第4章で、文章構成力は第5章で詳しく紹介していきます。

編集の文法チェックシートのメリット

　チェックシートがあることによる、文章を書くうえでのメリットもまとめておきましょう。

自己採点により成長が加速する

　いちばんのメリットは、**文章力の向上が早く見込めること**です。まずは自分の文章の自己採点にチェックシートを使ってみてください。

　評価は「○×△」の3段階で行います。まずは過去に自分が書いた文章に対して、客観的に「○×△」の自己評価を記入してみましょう。×や△の評価がつくと、○にしたくなりませんか？　実際、弊社の受講生の中でも、一度指摘されたことは二度と繰り返さないという強い意志をもつ方は、一気に編集執筆力を伸ばしていきます。

添削をお願いできる／添削ができるようになる

　評価ポイントと判定ポイントという客観的な指標があることで、文章を他の人に添削してもらえるようになる点もメリットです。ぜひ、周囲で文章力を磨きたい人を見つけて、おたがいに添削してみてください。なお、添削する具体的な方法につい

ては、第8章の添削例を参考にしてみてください。

　他者に添削してもらうと、自己採点では見落としていた点を指摘してもらうことができます。また、自分が添削する立場になると、自分の文章を自己評価するときよりも、さらに客観的に評価できます。他の人の文章を添削することで、自分ができていない箇所を正すためのヒントを得ることができるのです。

成長過程がわかるため、つらくない

　これは、私自身の原体験の裏返しです。自己採点であっても、他の人からの採点であっても、文章に赤字が入るというのは、精神的にとても「つらい」ことです。

　私は先輩に添削してもらうという恵まれた環境にいましたが、がんばって直しても延々と赤字が入り続ける状態が約1年続きました。自分がどのくらい成長しているのかがよくわからず、その間ずっとつらかった記憶があります（前職を退職する際、先輩に感謝を伝えにいったくらいありがたいことなのですが、でも、……つらいものはつらい）。

　チェックシートの作成には、この原体験を他の人には味わってもらいたくない、というモチベーションも働いています。添削結果とチェックシートを合わせて記録として残し、ご自身の成長過程を振り返っていただければと思います。

本書で扱う文章の範囲

　最後に、本書で扱う文章の範囲について示します。本書では、読み手を想定した文章の中でも、ノンフィクションと呼ばれるジャンルを対象としています。

　編集の文法チェックシートが有効である範囲の目安として、読者が想定された文章であり、かつ、事実を伝える文章（たとえば、ニュース記事やリリース記事など）、もしくは、「事実に対する主観」を述べる文章（ブログ、メディア記事など）を想定しています。

第3章 文章基礎力を磨く「編集の文法」

正しい文法が使われているか？

　正しい文法を使うことは、読みやすい文章を書くうえでの基本事項です。ここで言う「文法」とは、本書で説明している「編集の文法」とは別物で、国語の時間に習ったいわゆる「文法」です。ただし、「勉強は苦手……」と構える必要はありません。助詞、助動詞、副詞、形容詞、形容動詞などなど、それらをこと細かに覚える必要はありません。「文章の読みやすさ」に基点をおいて、必要最小限の文法を学びましょう。

編集の文法1　言葉と言葉は正しくつなげる

```
NG
　事前にインターネットで検索すれば、実際の広さや、清潔さが知ることができる。
```

```
OK
　事前にインターネットで検索すれば、実際の広さや、清潔さを知ることができる。
```

解説

　文章を書くときには、いわゆる学校で習う「文法」の助詞（てにをは）が正しく使われているかに注意しましょう。助詞とは「常に他の語のあとに付いて使われる語のうち、活用しない語。前の語が他の語とどのような関係にあるかを示したり、語句と語句を接続したり、文が表す内容に一定の性質を付加したりする働きがある」（広辞苑第7版より引用）ものを指します。「言葉と言葉をつなぐ役割をしているもの」が助詞です。

　例文を見てみましょう。NG例文の「清潔さ」と「知る」という単語をつないでいる「が」は、誤りです。正解は「を」になります。

　話し言葉（口語体）だと、例文のように話しても聞き手が助詞を正しく変換し、意味が通じるケースがほとんどです。しかし、文章上で「てにをは」を間違ってしまうと、読みにくくなってしまううえに、書き手への信頼が下がってしまいます。

ポイント

- √ ふだんから、自分の使っている話し言葉の「てにをは」がおかしくなっていないかを気にする。自分ではなかなか気づけないので、周囲に指摘してもらうようにするとよい。
- √ 文章を推敲する際には、音読がおすすめ。文のつながりの違和感を感じ取りやすくなり、間違いに気づきやすい。

編集の文法2　　**主語と述語は近くにおく**

> NG
>
> **総務省では、**タブレット PC を用いた最先端のアクティブ・ラーニングの擬似授業、消火器や応急担架への挑戦、ミニ消防服を着ての記念撮影、小型ロボットの実演、3D 体験など、子どもの見たい・知りたいが詰まったイベントを**開催します。**

> OK
>
> **総務省では、**子どもの見たい・知りたいが詰まったイベントを**開催します。**たとえば、タブレット PC を用いた最先端のアクティブ・ラーニングの擬似授業、消火器や応急担架への挑戦、ミニ消防服を着ての記念撮影、小型ロボットの実演、3D 体験などです。

解説

　主語と述語は近くにおくことを心がけましょう。NG 例文も、文法的に間違った文章ではありません。

　しかし、読んでみると、間のびした感じを受けないでしょう

か。主語と述語が離れるほど、読み手に間のびした印象を与えてしまいます。

ポイント

> ✓ 文章が長くなっていると感じたら、2つに分けることができないかを考える。無理に1文にまとめようとしないことが、主語と述語を離さないで書くコツ。

編集の文法3　文頭と文末をきちんと対応させる

NG
内閣府は「竹島、尖閣諸島って知ってる？」というテーマでプログラムを提供し、国際問題になっている両島をわかりやすく説明**してもらえます。**

OK
内閣府は「竹島、尖閣諸島って知ってる？」というテーマでプログラムを提供し、国際問題になっている両島をわかりやすく説明**します。**

解説

　文章が長くなると、文頭と文末にズレが生じることがあります。NG例文を見てみましょう。冒頭の「内閣府は」に対して、「説明してもらえます」と結ぶのは正しくありません。主語は内閣府なので、「説明します」が正解となります。

ポイント

- √ 1文の長さが長くなればなるほど、文頭と文末の間でズレが生じやすくなるため、1文が長くならないように気を配る。100文字を超えてくると起きやすい傾向あり。
- √ 推敲する際には、音読して文末が文頭ときちんと対応しているかも確認する。

編集の文法4　「多いです」はNG表現！

NG

1. 育児中には悩むことも**多いです**。毎日がまんの連続で疲れがたまり、つい感情的に子どもをしかってしまうときもありました。
2. 介護の問題は私たちが知っているようで知らないことが多く、実際に介護してから気がつくことが**多いです**。

> OK
> 1. 育児中には悩むことも**多いですね**。毎日がまんの連続で疲れがたまり、つい感情的に子どもをしかってしまうときもありました。
> 2. 介護の問題は私たちが知っているようで知らないことが多く、実際に介護してから気がつくことが**多くあります。**

解説

　話し言葉であれば、「多いです」「難しいです」「嬉しいです」となっていても、あまり違和感はありません。しかし、文章にしたときには幼い印象を与えるので、編集の現場では「形容詞＋です」という使い方はさけるようにしています。

　例文1では、文末に「ね」をつけて違和感を和らげています。例文2は、「多くあります」と表現を変えています。

ポイント

√「形容詞＋です」は、語尾に「よ」「ね」などの終助詞を用いる、あるいは、「多いのです」と「の」をいれるなどで違和感を和らげる。

文章基礎力を磨く「編集の文法」

コラム　「形容詞＋です」の議論は続く……

「形容詞＋です」を文章表現として認めるかどうかは、議論が分かれています。

　国語審議会が昭和27年にまとめた『これからの敬語』の中で、「これまで久しく問題となっていた形容詞の結び方——たとえば、「大きいです」「小さいです」などは、平明・簡素な形として認めてよい」と明記し、使い方を認めている背景がまずあります。

　これを受けて、NHK放送文化研究所は「最近気になる放送用語」のQAコーナーで、「楽しいです」という使い方については、昭和27年に国語審議会により「平明簡素な形として認めてよい、という答申が出されています」と回答し、「そこで現在では、一応標準的な言い方となっていますが、歴史が浅いだけに年配の人の中にはまだ違和感を持つ人もいるわけです」と解説しています。

　ところが、岐阜大学の山田敏弘教授は、『日本語あれこれ事典』（明治書院、2004年刊）の中で、「国語審議会が昭和27年に認めた形とはいえ、まだ仮面夫婦のような関係」とたとえています。また、近年刊行された『毎日新聞・校閲グループのミスがなくなるすごい文章術』（ポプラ社、2017年刊）の中で、著者の岩佐義樹氏も「現在もまだ『形容詞＋「です」』の『仮面夫婦』状態は脱していないと思われます」と述べています。

本書では、上記のような現状をふまえ、話し言葉としては違和感がなくなっている「形容詞＋です」も多くなっているとしたうえで、「文章」として表記される場合には、依然として「形容詞＋です」の表記はNGとしました。また、違和感を和らげる方法として、編集の現場で実践されている、語尾に「ね」「よ」などをつける技を紹介しました。

　「全然……ない」という意味が、時代の変遷によって変わってきたように、今後は「形容詞＋です」も違和感がなくなるのかもしれません。

〈参考URL〉
昭和27年（1952年）「これからの敬語」
http://www.bunka.go.jp/kokugo_nihongo/sisaku/joho/joho/kakuki/01/tosin06/index.html
NHK放送文化研究所
https://www.nhk.or.jp/bunken/summary/kotoba/term/002.html
文化庁の文化審議会答申『敬語の指針』
http://www.bunka.go.jp/seisaku/bunkashingikai/kokugo/hokoku/pdf/keigo_tosin.pdf

文体は、読み手からの信頼度を左右する

　適切な文体を選択することで、読み手からの信頼を得ることができます。親しみやすさを出そうと、あえて口語体（話し言葉）にすることもできますし、若い女性が読者対象ならば、絵

文字や顔文字を使うというのもいいでしょう。

　しかし、たとえば、医療関係者や弁護士や弁理士といった専門性の高い職種を読者として想定しているときに絵文字を使ってしまっては、印象が悪くなる可能性があります。人は自分がふだんよく目にしている文体に親しみやすさを覚えるものです。誰が読者であるかをよく考え、ふだん読んでいる雑誌などを調べたうえで文体を決めるとよいでしょう。

編集の文法5　「である」と「ですます」は混ぜない

NG
1. 「努力は報われる」と聞くと、今年もおこなわれたアイドルグループAKB48の選抜総選挙の開票イベントを思い出す方も多いの**ではないでしょうか**。高橋みなみさんが2011年から2014年の選抜総選挙の開票イベントで、毎年この言葉を発言し、**話題になった。**
2. 店主は食べ放題で「残しても大丈夫です」と明示したら、多くの食材が残されることが目に**見えています**。だから、「食べ残した場合には追加料金をいただきます」と明示させて**もらっています**、と**話す**。

> OK
> 1. 「努力は報われる」と聞くと、今年もおこなわれたアイドルグループAKB48の選抜総選挙の開票イベントを思い出す方も多いの**ではないでしょうか**。高橋みなみさんが2011年から2014年の選抜総選挙の開票イベントで、毎年この言葉を発言し、**話題になりました。**
> 2. 店主は**「食べ放題で『残しても大丈夫です』と明示したら、多くの食材が残されることが目に見えています。だから、『食べ残した場合には追加料金をいただきます』と明示させてもらっています」と話す。**

解説

　文体に、である調と、ですます調があるのは、学校の国語の時間に習いましたね。である調は、力強い印象や厳かな印象を与えます。一方、ですます調は、やさしい印象や柔らかい印象を与えます。

　文体は、対象読者と目的によって選択します。個人的な肌感覚では、小学生が読む文章にはですます調が多く、また、医療に関することなど専門的な内容を解説する際にもですます調を

用いて、「とっつきにくさ」をなくそうとしていることが多いように感じています。

どちらの文体を選ぶかは、その時々の状況で決めればいいのですが、注意すべきは、文体を混ぜないことです。例文1は、ですます調ではじまったのに、文末がである調に変化しています。例文2は、口語体を「」（カギカッコ）でくくらなかったために、文体が混ざってしまいました。

ポイント

- √ ですます調とである調は混ぜないように気をつける。
- √ である調で執筆しながら会話文をですます調にしたい場合には、適切な箇所に「」を用いる。

編集の文法6　冗長な表現はさける

NG

1. 彼は東大生**であるのだから**、就職活動では大きな苦労をせずに内定がもらえるだろう。
2. 毎日、英単語を10個ずつ覚え**ていくことで**、1ヵ月で約300単語を**覚えることができ**、1年で3650単語を**覚えることができる**。
3. 介護の世界に触れたことで、介護は必要になってからではなく、**事前に準備をすることが重要とい**

うことを広めていきたい**という**使命感をもつようになった。

○K
1. 彼は東大**生だから**、就職活動では大きな苦労をせずに内定がもらえるだろう。
2. 毎日、英単語を10個ずつ覚えて**いけば**、1カ月で約300単語、1年で3650単語を**覚えられます**。
3. 介護の世界に触れたことで、介護は必要になってからではなく、**事前準備が重要だと**広めていきたいという使命感をもつようになった。

解説

「〜である」「〜することができる」「〜という」といった表現は、使いすぎると歯切れが悪くなり、文章が長くなり冗長な感じが強くなります。

その結果、読み手に対してわかりづらい印象を与え、信頼感を損ねる文章となります。そのため、できるかぎりこれらの表現を使わない表現を考えるようにしましょう。

例文1では、「東大生だから」と表現できる文章を、「東大生であるのだから」と回りくどく表現しています。

文章基礎力を磨く「編集の文法」

例文2は「〜することができる」の多用によって、文章が間のびしています。「〜することができる」の多くは、「〜られる」で置き換えが可能です。

　例文3は「〜することができる」「〜という」の合わせ技で冗長な文章になっていますが、表現を変えることでこの2つを削ることができます。

　ただし、「という」をただ削っていくと、語感がおかしくなることがあります。例文3では、最後の「という」はそのまま残っています。他の表現にするとつながりが悪い、語感が悪くなる場合には残すことも検討しましょう。

ポイント

- ✓「〜することができる」は話し言葉でよく使ってしまうことから、文章にも登場しやすい。この表現を見つけたら、他の表現にできないかを検討し、変更する。
- ✓ ただし、文章にあるすべての「〜することができる」「〜という」などの表現を取り除けばいいわけではない。文章全体のリズムを考え、最終的には音読しながら使う・使わないを検討する。

編集の文法7　**口語体の使いすぎには注意！**

> NG
> でもこの本には、**確かにって思う事が多く書いてあったから、あ〜なるほど、そっか、そっかって**納得しながら読みました。

> OK
> しかし、この本には、**「確かに」と思う事が多く記載されており、「あぁ、なるほど、そっか、そっか」**と納得しながら読みました。

解説

　読み手から信頼される文章を書くときには特に、執筆している文章が話し言葉（口語体）主体になっていないかに気を配りましょう。口語体が多ければ多いほど、読み手に対して寄り添った文章になりますが、選んだ表現によっては稚拙な印象を与えてしまい、信頼感を損ねることになります。

　NG例文の「でも」「書いてあったから」「あ〜」は、それぞれ順に、「しかし、」「記載されており」「あぁ」と表現を変えました。また、口語体を「」（カギカッコ）でまとめることで、

文章基礎力を磨く「編集の文法」

同じ内容を伝えながら、与える印象を変えています。

ポイント
- ✓ 口語体は親しみやすい印象を与える効果があるが、使いすぎると稚拙になるので注意。
- ✓ 文章中にうまく口語体を残すためには「」（カギカッコ）が有効。

表記ルールは、読みやすさにつながる基本ルール

　新聞社や出版社などのマスメディアで書かれる文章には、守られている「ルール」があります。各社細かい違いはありますが、基本的に「表記ルール」と呼ばれるものにそって文章が書かれているのです。業界標準になっているのは、『朝日新聞の用語の手引』（朝日新聞社）、『記者ハンドブック第13版新聞用字用語集』（一般社団法人共同通信社）などです。

　このルールに従って表記をそろえていくのですが、なぜそのようにする必要があるのでしょうか？　たとえば、「あらわす」の表記が「表す」や「表わす」というように、送り仮名が異なっていたり、「ありがとう」「有難う」のように漢字とひらがなで統一されていなかったりすると、読み手に対して落ちつかない

印象を与えてしまい、読みやすさが損なわれます。たかが表記と思うかもしれませんが、表記ルールを守ることは諸先輩方が積み重ねて実践してきたことであり、読みやすさとともに、揺るぎない信頼感を構築してきたものだと思っています。たかが表記ではなく、されど表記です。

　表記ルールは、覚えてしまえばすぐに身につきます。一気に覚えてしまいましょう。

編集の文法8　符号は正しい表記ルールで使う

NG
1. どういった経緯で制度がはじまった**のか？町内会**のN理事長に話を聞いた。
2. わずか30分間だけ、雨雲がなくなっていまし**た。**（その後、すぐに雨に見舞われました）
3. オードリー・ヘップバーンが主演した**「ローマの休日」**は、映画史に残る名作だ。

OK
1. どういった経緯で制度がはじまったのか？　町内会のN理事長に話を聞いた。
2. わずか30分間だけ、雨雲がなくなっていました

(その後、すぐに雨に見舞われました)。
3. オードリー・ヘップバーンが主演した**『ローマの休日』**は、映画史に残る名作だ。

解説

符号にまつわる表記ルールを3つ紹介します。まず例文1は、「?」のあとに、スペースを空けるというルールが守られていないケースです。ふだん何気なく読んでいると気づかないと思います。しかし、改めて見比べると、次の文がはじまる前に空き（全角スペース）を入れたOKの例文1のほうが、文の切れ目が明確になることで視認性が上がり、わかりやすくなっているのを確認できるでしょう。

例文2は（）（括弧）の使い方です。（）と句点「。」の使い方にはルールがあります。文末に（）を用いるときには、（）のあとに「。」をいれるようにしましょう。

例文3は『』（二重カギカッコ）の使い方です。「」（カギカッコ）が、会話文や引用文に用いられるのに対して、『』は、書名、テレビ番組、映画タイトルなどにつける慣習があります。例文3は映画タイトルに用いた例になります。

ポイント

✓「?」以外に「!」のあともスペースを空けるようにする。

√ もう1つ、（）を用いる際に気をつけることは「多用しないこと」。気軽に補足できることから多用したくなるが、本文中で説明できることは（）にいれないようにする。

√ 『』は「」の中でカギカッコを使うときにも用いる。

編集の文法9　表記は揺れないように気をつける

NG
転職活動を**行い**ながら、一方で会社のプロジェクト管理業務も**行なって**いると、いそがしすぎて時間の感覚が麻痺してくる。

OK
転職活動を**行い**ながら、一方で会社のプロジェクト管理業務も**行って**いると、いそがしすぎて時間の感覚が麻痺してくる。

解説

同じ文章の中で、「表す」と「表わす」のように送り仮名が異なったり、「終わる」「おわる」というように漢字で表記したりひらがなで表記したりして一貫性がないことを「揺れる」と

言います。

　例文のように1つの文章の中で表記が揺れることは稀ですが、長文を書いていると表記の揺れがよく起こります。

ポイント
- ✓ 表記が揺れないように執筆する時点で心がける。
- ✓ 推敲の段階で、表記の揺れがないか改めて確認する。

編集の文法10　算用数字と漢数字は使いわける

NG
1. 二〇二〇年には東京オリンピックが開催される。
2. 日本において１９４５年８月15日は、第二次世界大戦が終わった終戦記念日として、人々の記憶に深く刻まれている。

OK
1. **2020年**には東京オリンピックが開催される。
2. 日本において**1945年8月15日**は、第二次世界大戦が終わった終戦記念日として、人々の記憶に深く刻まれている。

解説

　横書きの場合には、アルファベットや数字は半角で、算用数字を用いるという表記ルールがあります。

　例文1を見てみると、横書きなのに漢数字が用いられています。

　例文2はわかりづらいのですが、西暦に用いている算用数字をよく見ていくと「1945年」には全角が、「8月15日」には半角が用いられています。横書きの場合には半角英数字を用いるルールがあるので、執筆時に気をつけるようにしましょう。

　なお、縦書きで数字を書く場合には、漢数字が基本です。最近、Webサイトでも縦書きを推進する活動をしている団体も出てきました[1]。

　自社のブランディングのために縦書きを選択するという動きが、今後出てくるかもしれません。

編集の文法11　　誤字脱字と固有名詞のミスはゼロにする

NG

1. 具体例もあり、わかりやすく**読めまました。**

2. 2016年のリオデジャネイロ五輪の閉会式では、**安部普三**首相が人気ゲーム「スーパーマリオブラ

1　縦書きWeb普及委員会　https://tategaki.github.io/

ザーズ」の主人公マリオの姿で登場して話題になった。

○K
1. 具体例もあり、わかりやすく**読めました**。
2. 2016年のリオデジャネイロ五輪の閉会式では、**安倍晋三**首相が人気ゲーム「スーパーマリオブラザーズ」の主人公マリオの姿で登場して話題になった。

解説

「誤字脱字のミスと固有名詞の間違い」は、新人編集者ほど繰り返す傾向があります。しかし、編集歴が長くなろうと、何度チェックしようと、人為的なミスは起こります。完全に撲滅するのは難しいというのが本当のところです。そうは言っても、「撲滅する！」という気概をもって執筆することが大切です。

　例文1は「読めまました」と、「ま」が重複しています。執筆した直後はこの手の誤字を発見するのは難しいので、時間をおいてから読み直すと、誤字脱字は見つかりやすくなります。

　例文2は固有名詞の間違い例です。「部」と「普」の2箇所が間違いで、正しくは、「安倍晋三」となります。

ポイント

- ✓ 誤字脱字は、執筆後時間をおいてからチェックすると見つけやすい。他者に読んでもらって確認してもらうのも有効。
- ✓ 固有名詞の間違いでは、人名のほか、会社名にも気をつける。よく間違う事例として、以下のものがある。会社名は、Webページの企業概要や会社パンフレットなどを確認するとよい。

  （誤）キューピー株式会社　（正）キ**ユ**ーピー株式会社
  （誤）キャノン株式会社　　（正）キ**ヤ**ノン株式会社
  （誤）富士フィルム株式会社（正）富士フイルム株式会社

- ✓ 誤字脱字、固有名詞とならんで間違ってはいけないものに「電話番号」「住所」がある。電話番号を間違えてしまうと、間違い電話を生み出してしまうので、要注意。

第 4 章

文章表現力を上げる「編集の文法」

単語1つが
文章のわかりやすさを左右する

　文章を構成する最小の要素は単語です。ものごとを説明する際に、単語1つが与えるわかりやすさへの影響は小さくありません。初めて英語の文章を読んだときのことを思い返してみてください。単語の意味がわからないだけで、読み進められなくなった経験は誰もがあるのではないでしょうか。日本語も同じです。意味のわからない言葉やあいまいな言葉は使わないようにしましょう。

編集の文法12　あいまいな言葉には説明を加える

NG
1. 本システムの導入により野菜のトレーサビリティが実現する。
2. SEOではなくインフルエンサーなどを使い、マーケティング戦略を取る企業も少なくない。

OK
1. 本システムの導入により野菜のトレーサビリティ**（生産履歴追跡）** が実現する。

2. **検索キーワードでウェブの露出を狙う** SEO（**Search Engine Optimization**）ではなく、**ネットへの影響力をもつインフルエンサー**などを使い、マーケティング戦略を取る企業も少なくない。

解説

あいまいな単語とは、どこかで聞いたことはあるが意味がわからない単語や、略語のことです。これらの単語を説明なしで文章中に用いてしまうと、読み手は単語の意味を調べるか、疑問符を頭の中に浮かべながら文章を読むことになります。いずれにせよ、読み手の読解を妨げることになります。

あいまいな単語は、文章中に意味を添えて使ってあげるようにしましょう。その方法をOK例文で示しました。例文1は（）（括弧）を使って意味を補足する方法です。例文2は、略語の意味と正式名称を示す例と、本文中で意味を補う例です。略語・略称に対しては、意味と同時に正式名称を補足するようにしましょう。

ポイント

√ 自分の中で「聞いたことはあるが、いざ説明しようと思うと説明できないカタカナ語」は、意味をよく知らないで使ってしまいがちな単語の目安となる。

- √ トレーサビリティのほかにも、イノベーター、インキュベーター、インタビュイー、サステナビリティ、スケーラビリティなどなど、外国語をカタカナで表記しているものに注意。
- √ 気をつける略語として代表的なものは、業界用語、新たに出てきた略語など。

編集の文法13　文章中に登場する単語が一貫した意味で使われているか

> NG
> 1. 炎天下におけるお祭りでは、**休憩所**は重要な役割を果たす。「冷えたドリンクやアイスクリームを迅速に配れるように」と、**休憩室スタッフ**には重ねて通達がなされた。また、**メンバー**が率先して参加者に声がけをしてドリンク類を提供することも通達された。
> 2. 第四次産業革命が起きている今こそ、これまでとは違った角度で魅力を伝えて**エンジニア**を育成しなければならない。さもないと近い将来、高い技能をもつ**技術者**が消滅してしまうだろう。

> OK
> 1. 炎天下におけるお祭りでは、**休憩所**は重要な役割を果たす。「冷えたドリンクやアイスクリームを迅速に配れるように」と、**休憩所スタッフ**には重ねて通達がなされた。また、**スタッフ**が率先して参加者に声がけをしてドリンク類を提供することも通達された。
> 2. 第四次産業革命が起きている今こそ、これまでとは違った角度で魅力を伝えて**技術者**を育成しなければならない。さもないと近い将来、高い技能をもつ**技術者**が消滅してしまうだろう。

解説

　文章中に登場する単語、特に名詞は、一貫して同じ意味で用いるように注意しましょう。同じことがらに対して同じ名称を使っていないと、混乱を招きます。

　例文1では、「休憩所」を「休憩室」と表現したり、「スタッフ」を「メンバー」と表現していたりします。休憩所と休憩室だと、言葉が微妙に違うだけなので問題ないだろうと思いがちですが、「休憩所」は「場所」を、「休憩室」は「部屋」を想起させます。そのため、「休憩できる部屋」を探し、休憩所を

見逃すことがあるかもしれません。また、「スタッフ」と「メンバー」も同様です。同じ意味で用いられやすい単語ですが、明確に役割を分けて使っているケースもありえます。

　例文2は「エンジニア」と「技術者」のように、英語をカタカナ表記するか日本語訳するか統一されていないケースです。このようなケースもよく見かけます。執筆している本人は同じことを表現したつもりでも、読み手が同じと受け取らないこともありえますので、こちらも注意しましょう。誤解を与えないためには、同じ事象に対して一貫して同じ単語を使うことを心がけてください。

ポイント
- ✓ 微妙な違いでも読み手が受け取る印象が変わる単語があるので注意。
- ✓ 英語をカタカナ表記するか日本語訳で表記するか、統一して使うように注意。

文の単位で陥りやすい文章表現

　単語と単語をつなげていくと「文」になります。文という単位になってくると、執筆できる量が増え、その量に比例して表現できることも増えてきます。ここでは、文章表現力を落とし

てしまう書き方として、ついついやってしまう落とし穴を中心に紹介します。

編集の文法14　「これ」「それ」などの指示代名詞を多用しない

NG

1. 糖質を取りたくなるのはなぜだろうか？　**それは**ストレスに起因している。**そのストレスには**、体重を増やそうとする効果があるのをご存じだろうか。
2. 本イベントは、**どんな人が、どんなことのために、どんな仕事**をしているかについて、見学できるイベントです。

OK

1. 糖質を取りたくなるのはなぜだろうか？　**糖質の摂取は**ストレスに起因している。**ストレスには**、体重を増やそうとする効果があるのをご存じだろうか。
2. 本イベントは、**官公庁の人々が、何を目的にして、日々の仕事**をしているかについて、見学できるイベントです。

解説

「これ」「それ」「あれ」「どれ」や、「この」「その」「あの」「どの」などの指示代名詞、いわゆる「こそあど言葉」を、文章中で多用するのはやめましょう。大切なので、繰り返します。多用は厳禁です。

話し言葉では、指示代名詞の多用は大きな問題になりません。話を聞いているときに、受け手側が脳内で自動変換してくれますし、自動変換できなかったとしてもその場で質問できるので、意思疎通ができなくなることはありません。

文章で「これ」や「それ」などが多用されていると、「何が何を指しているか」がわからなくなり、前に戻って読み返す必要が出てきます。また、話し言葉と違って質問で疑問を解消することもできません。

例文1では、「それはストレスに……」「そのストレスには」と指示代名詞を用いています。前者は具体的な言葉に置き換えることができ、後者の「その」は、削っても意味が通ります。削っても意味が通る場合には、指示代名詞は使わないようにしましょう。

例文2は、「どんな人が、どんなことのために、どんな仕事」と、すべて指示代名詞を用いて説明しているため、具体性に欠けた説明文になっています。具体的な表現で置き換えることで、イメージしやすい表現になります。

指示代名詞を減らすためには、日頃から注意をしながら執筆

することと、推敲の段階でしっかりチェックすることが効果的
です。

ポイント
- ✓ 指示代名詞を使いすぎると、文章の読み返しが発生して、わかりづらくなる。
- ✓ 具体的な言葉や表現に置き換えられないかを、常に意識しながら執筆する。

編集の文法15　事実と解釈の区別は明確か

> **NG**
>
> 本セミナーでは、介護がはじまる前に日常から行うべき介護予防のノウハウや、介護がはじまったあとに必要な介護サービス・介護保険制度に関する知識の習得をめざします。
>
> **いつかは必要になる介護ですが、できるだけその時期を遅くし、要介護度が高くならないようにしたいですよね。**
>
> 介護予防のノウハウとして、階段に手すりをつけるなどすぐにできるちょっとした工夫を紹介するほか、介護がはじまってから必要な知識として、介護と仕事の両立に向けて必要な介護保険による

介護サービスをうまく利用するコツについて説明いたします。

OK

いつかは必要になる介護ですが、できるだけその時期を遅くし、要介護度が高くならないようにしたいですよね。

本セミナーでは、介護がはじまる前に日常から行うべき介護予防のノウハウや、介護がはじまったあとに必要な介護サービス・介護保険制度に関する知識の習得をめざします。

介護予防のノウハウとして、階段に手すりをつけるなどすぐにできるちょっとした工夫を紹介するほか、介護がはじまってから必要な知識として、介護と仕事の両立に向けて必要な介護保険による介護サービスをうまく利用するコツについて説明いたします。

解説

文章を執筆するときには、「事実」について記述しているのか、それとも事実に対する「解釈」（主観的なとらえ方）を記

述しているのか、意識しながら書くようにしましょう。

　例文は、介護セミナーの概要について記述した文章です。NG例文では、**下線を引いた**「解釈」の1文が2段落めにおかれていることで、介護セミナーの概要という「事実」を紹介する文章のつながりが途切れてしまっています。OK例文では、**下線**の1文が冒頭にあります。こうすることで、一般的に介護（事実）に対して、想起される「解釈」が読み手の共感を誘うメッセージとして機能し、リード（掴み）の役割を果たすようになります。同時に、後半の事実を紹介する文章のつながりを維持することにもなります。

ポイント

- ✓「事実」と「解釈」は切り分けて文章を執筆する。「事実」は実際に存在しているものや事象のこと。「解釈」は自分の主観的な考え方やとらえ方のこと。
- ✓ 事実は事実でまとめて、解釈は解釈でまとめて記述する。

編集の文法16　過剰な比喩や修飾は使わない

NG
1. 1週間前から続く豪雨のために開催が心配された夏祭りであったが、無事に開催された。夜空は雲で隠れることなく、**何万光年と離れた宇宙からき**

らめく**星空が頭上に広がり**、集まった人たちは空を見上げながら、夏祭りを楽しんだ。
2. 体験を通じて親子のふれあいを深め、社会に興味をもってもらい、府省庁等の施策に対する理解を深める**目的**の本イベントは、毎年開催されている。

OK
1. 1週間前から続く豪雨のために開催が心配された夏祭りであったが、無事に開催された。夜空は雲で隠れることなく**星空が頭上に広がり**、集まった人たちは空を見上げながら、夏祭りを楽しんだ。
2. 毎年開催されている本イベントの**目的は**、体験を通じて親子のふれあいを深め、社会に興味をもってもらい、府省庁等の施策に対する理解を深めることだ。

解説

　過剰な比喩や修飾は使わないようにしましょう。
　例文1は過剰な比喩の例です。いくら感動的な場面を伝えたいからといっても、過剰な比喩を用いると、安っぽい印象を与えてしまいかねません。

例文2は、主語と述語だけ抽出して見ると「本イベントは、開催されている」という単純な構造ですが、主語の「本イベント」に「体験を通じて親子のふれあいを深め、社会に興味をもってもらい、府省庁等の施策に対する理解を深める目的の」と修飾句がいくつもかかっているため、わかりにくくなってしまっています。OK例文では、「目的」にかかっていた修飾句を述語にもっていっています。さらに、述語だった「毎年開催されている」を主語の修飾句とすることで、読みやすさを改善しています。

ポイント
- ✓ 過剰な比喩は安っぽい印象を与えがちなので注意。
- ✓ 修飾が長くなりすぎないように注意する。回避策としては、述語と主語を逆転させるほか、修飾自体を削るなどの方法がある。

編集の文法17　1文は長くならないように注意！

NG
1. 当セミナーは、これから介護が必要になる方、すでに介護生活をスタートされている方のほか、両親の介護がはじまる世代の社員を多く抱える企業の人事部の方などに参加していただいており、介

護を取り巻く環境について日頃から感じている疑問や、ケアマネジャーなどには相談しづらいと感じている個別の悩みを解消していただく場として開催しております。
2. 新商品の発売キャンペーンとして20XX年10月1日の発売日から2カ月間、マックスピザのキャラクターであるピザスキータ、ピザスキーナのいずれかを選択して、時間内に規定枚数のピザを届けるミニゲームをクリアすると、対象の商品が割引になるクーポン券がもらえるサービスを公式HPで配信する予定。

OK
1. 当セミナーは、これから介護が必要になる方、すでに介護生活をスタートされている方のほか、両親の介護がはじまる世代の社員を多く抱える企業の人事部の方などに参加して**いただいています。**介護を取り巻く環境について日頃から感じている疑問や、ケアマネジャーなどには相談しづらいと感じている個別の悩みを解消していただく場として開催しております。
2. 新商品の発売キャンペーンとして20XX年10月1

> 日の発売日から2カ月間、**公式HPでミニゲームを展開する。**マックスピザのキャラクターであるピザスキータ、ピザスキーナのいずれかを選択して、時間内に規定枚数のピザを届けるミニゲームをクリアすると、対象の商品が割引になるクーポン券がもらえる予定。

解説

　句点（、）を使って言葉をつなげすぎると1文が長くなってしまい読みづらくなってしまいます。文字数に注意しながら執筆するようにしましょう。読みやすい1文の長さは80文字前後が目安です。説明するべきことが多くどうしても長くなってしまうときでも、120文字を超えないように気をつけましょう。

　例文1は160文字を超える長文です。よく読んでみると、前半はセミナーの参加者について、後半は内容について記述してあります。このような場合には、単純に途中で切って2つに分けるだけで読みやすさがアップします。例文2は、キャンペーンの内容について、「開催時期」と「内容」と「開催場所」についての記述が一緒になっているのがわかります。こちらは、単純に2つに分けるのではなく、開催時期と開催場所で1つの文にまとめてから、内容について説明するとすっきりとまとまります。

ポイント

- ✓ 読みやすい1文の長さは80文字前後。長くても、120文字を超えないようにする。
- ✓ 単純に2つの文に分けるのではなく、関連する情報をまとめるように意識することで、読みやすさをアップさせながら1文を短くできる。

編集の文法18　読者を共感させる文章表現にする

NG

1. (60代以上向け)
   最近Facebook、Twitter、InstagramなどのSNSの利用者が増えてきています。「SNSなんてさわったことがない」という方もいらっしゃるかもしれませんが、LINEを使ったことはないでしょうか？

2. (中学生向け)
   ふだん、あまり関わりがないと思っている行政を身近に感じることができるいい機会です。ぜひ、イベントに足を運んでみてください。

> OK
>
> 1. (60代以上向け)
>
>   最近 Facebook、Twitter、Instagram などの SNS の利用者が増えてきています。「SNS なんてさわったことがない」という方もいらっしゃるかもしれませんが、**お孫さんとのやり取りで、**LINE を使ったことはないでしょうか？
>
> 2. (中学生向け)
>
>   ふだん、あまり関わりがないと思っている行政を身近に感じることができるいい機会です。**見学や体験をすることで自由研究のテーマも決まるかもしれません。**ぜひ、イベントに足を運んでみてください。

解説

　文章を読んでもらうとき、読み手に興味関心をもって読んでもらったほうが、最後まで読み切ってもらえる可能性が高くなります。相手に共感してもらえると、文章の目的を達成しやすくなります。

　例文1は、60代以上の方に向けて SNS について説明するときのリード文です。OK 例文では、「お孫さんとのやり取りで」

という表現を追加することで、身近な存在であることを訴えています。

　例文2は、中学生向けに、夏休みに開催されるイベントの告知記事のまとめで使っている表現です。イベントに足を運んでもらうという文章の目的を達成しやすいのは、OK例文のほうでしょう。夏休みの宿題として出されている「自由研究」という言葉を使うことで、興味をもってもらえるよう働きかけています。

　相手の共感を得る文章表現を考えるのは、最初は難しいかもしれません。第7章で紹介する「共感テクニック」を学ぶと、相手へ訴求できる表現などが考えやすくなります。今は、ポイントのみを押さえて先に進みましょう。

ポイント
- ✓ 読み手に興味関心をもって読んでもらったほうが、最後まで読み切ってもらえる可能性が高くなる。
- ✓ 相手に共感してもらえると、文章の目的を達成しやすくなる。

段落単位で発揮できる文章表現

　文と文がいくつか集まると「段落」になります。段落単位の

文章になると文量が増えるため、読み手の理解をうながす文章のロジックや、読み手に心地よいリズム感を与える表現などを盛り込むことができます。ここで紹介する技を覚えて、文章表現力をアップさせましょう。

**編集の文法19　段落の中で
論理構造が破たんしないようにする**

NG
1. 食事制限のダイエットではカロリー摂取量が減って体重が減る。運動するダイエットではカロリー消費量を増やすことで体重が減る。したがって、**多少食べ過ぎても運動すればダイエットは有効と言えるだろう。**
2. 坂本龍馬は明治維新で活躍した。明治維新で活躍した人は後世に名を残している。**だから、坂本龍馬は偉大な人物だ。**

OK
1. 食事制限のダイエットではカロリー摂取量が減って体重が減る。運動するダイエットではカロリー消費量を増やすことで体重が減る。したがって、

体内のカロリー量を減らすことがダイエットに有効と言えるだろう。
2. 坂本龍馬は明治維新で活躍した。明治維新で活躍した人は後世に名を残している。**だから、坂本龍馬の名は後世に残っている。**

解説

　関連する文と文をまとめて「段落」ができあがります。段落の中で何か主張したいときに、その中で論理構造（ロジック）が破たんしないように注意しましょう。

　例文1は帰納法で記述されています。帰納法は、複数の具体的な事実から一般的な結論にもっていくアプローチです。

　例文1のNG例では、「食事制限のダイエットではカロリー摂取量が減って体重が減る」「運動するダイエットではカロリー消費量を増やすことで体重が減る」という2つの事実をもとに、「多少食べ過ぎても運動すればダイエットは有効」という結論をもってきています。この結論は、2つの事象から共通して言えることではありません。したがって、帰納法の論理構造は破たんしています。共通して言えることは、OK例に示した「体内のカロリー量を減らすことがダイエットに有効」ということです。

　例文2は演繹法で記述されています。演繹法の基本形に三

段論法があります。AはBである。BはCである。だから、AはCである。これが三段論法です。NG例文2がこの形式に当てはまっているかを確認してみましょう。A（坂本龍馬）はC（後世に名を残している）ではなく、異なる結論D（偉大な人物だ）を出しているため、論理構造が破たんしています。

ポイント

- √ 段落の中で何かを主張したいときは、論理構造が破たんしないように注意。
- √ 演繹法、帰納法のアプローチをふまえてまとめると、論理構造をまとめやすい。

編集の文法20　記述内容に過不足がないようにする

> **NG**
> 8月1日（水）、2日（木）に「子ども霞が関見学デー」が開催される。本見学会は、親子のふれあいを深め、子どもたちが夏休みに広く社会を知る体験活動の機会とすること、府省庁の施策に対する理解の増進を図ることなどを目的に、文部科学省を中心に毎年開催する恒例イベント。

> OK
>
> 8月1日(水)、2日(木)に、**全国の小・中学生を対象に**「子ども霞が関見学デー」が開催される。本見学会は、親子のふれあいを深め、子どもたちが夏休みに広く社会を知る体験活動の機会とすること、府省庁の施策に対する理解の増進を図ることなどを目的に、文部科学省を中心に毎年開催する恒例イベント。**霞が関の各省庁で実施される。**

解説

　執筆している内容に過不足がないようにすることも大切なポイントです。書きすぎも、書かなすぎも、いずれもよくありません。例文は、イベント開催について説明しているニュース記事です。ニュース記事の基本は、5W（When、Where、Who、What、Why）を盛り込むことなのですが、NG例文では、Who（誰を対象にしているのか）と、Where（どこで開催しているのか）の2点が抜けてしまっています。

　情報に過不足があるかの判断基準は、執筆している文章の目的で決まってきます。例文では「イベント開催を告知するニュース記事」であったので、おのずと5Wが不可欠な要素であると決まりました。

ポイント

- ✓ 記述している内容に過不足がないようにするためには、文章の目的をしっかりと把握して執筆することが大切。
- ✓ 過剰に内容が入っているとわかりにくくなり、不足していると意味が伝わらなくなる。

編集の文法21　接続詞を多用しない

NG

1. イノベーションの実現に向けて必要なことは、**まずは、**「自分の夢を知ること」と「動機をつくること」です。**そして、**「夢と動機を強いアイデアとつなげること」であり、**そして、**「強いアイデアを社会とつなげること」です。

2. 介護は突然やってきます。昨日までは一人で生活していた高齢者が、転倒などの日常のちょっとした怪我で突然介護が必要な生活になってしまうのです。**そして、**「仕事を辞めて面倒を見なければ」と家族の介護を理由に離職する人も多くいます。**しかし、**実は、介護サービスや介護保険制度を使いこなせれば、仕事と家族の介護を両立できるのです。

文章表現力を上げる「編集の文法」

OK

1. イノベーションの実現に向けて必要なことは、**まずは、**「自分の夢を知ること」と「動機をつくること」です。**次に必要なことは、**「夢と動機を強いアイデアとつなげること」**と**「強いアイデアを社会とつなげること」です。

2. 介護は突然やってきます。昨日までは一人で生活していた高齢者が、転倒などの日常のちょっとした怪我で突然介護が必要な生活になってしまうのです。
「仕事を辞めて面倒を見なければ」と家族の介護を理由に離職する人も多くいます**が、**実は、介護サービスや介護保険制度を使いこなせれば、仕事と家族の介護を両立できるのです。

解説

　話し言葉だと気にならないのですが、文章を書くときに接続詞を多用すると、わかりづらくなったり、間のびした印象を与えたりします。

　例文1は、「まずは」「そして」「そして」の3つの接続詞が使われています。たとえば、2回連続した「そして」を、1つ

を「次に必要なことは」として、もう1つを「と」でつなぐことで、減らすことができます。

　例文2のように、段落と段落のつなぎとして、「そして」などの接続詞を使っている文章もよく見かけます。

　段落を変えたのであれば、「しかし」などの逆接の接続詞以外は、削っても意味が通じることがほとんどです。例文2では、段落の場所を変えることで「そして」を減らすことができます。

　また、「つまり」「したがって」の多用はさけましょう。これらの接続詞のあとには、「今まで説明してきたことについてまとめの文章がくる」と推測して読み進めるため、何が大切な情報なのかがわかりづらくなります。接続詞は必要な場所で、効果的に使うようにしましょう。

ポイント
- √ 接続詞は、表現を工夫すれば削ることができる。
- √「つまり」「したがって」は多用すると何が大切な情報なのかわからなくなる。

コラム 「迷文」ではなく「明文」をめざそう

　文章に必要なのは「明文」であることです。『ここがヘンだよ日本語練習帳』(夏目書房刊) の中で著者の守沢良氏は、明文とは「わかりやすく読みやすい文章」と定義しています。私はもっと具体的に、「読んでいるときに読み返すことがなく、疑問を抱くことなく読み進められる文章」と理解しています。疑問を抱かなければ、迷いを生むこともなく、読み返すことはありません。安定感のある文章になります。

　それに対して迷う文章と書く「迷文」は、本来ならばA→B→C→Dと説明を続けるべきところをA→D→B→Cと説明をしてしまうような文章を指します。これは、順序が間違っているため読者に混乱を生んでいる例ですが、接続詞の「つまり」や「したがって」が多用されている文章も迷文です。「今までのまとめの内容」を期待する接続詞が多用されることで、著者の主張が不明瞭になり、読み手に混乱を与えます。

　本書の読者の中には、後世に残るような「名文」を書きたいと意気込んでこの本を手に取ってくださったの方もいるかもしれませんが、何をもって「名文」となるかは、私自身、いまだにわかっていません。まずは、「明文」をめざすことが「名文」への第一歩になるのかもしれません。千里の道も一歩から。「迷文」ではなく「名文」をめざしていきましょう。

編集の文法22　声に出して読んだときにリズムがあるか

NG
1. **会社の封筒の中の書類**に捺印を忘れてしまったので、取引先に提出できなかった。
2. 時間を気にしすぎて**焦っていると**、ケアレスミスをしてしまう。**焦っていると**、もっと致命的な間違いも引き起こすことになるので、**焦っている**状態にならないようにしよう。

OK
1. **会社の封筒にいれた書類**に捺印を忘れてしまったので、取引先に提出できなかった。
2. 時間を気にしすぎて**焦っていると**、ケアレスミスをしてしまう。**焦りすぎは**、もっと致命的な間違いも引き起こすことになるので、**注意しよう**。

解説

　文章が段落単位になってくると、読んでいるときのリズム感が読み手に伝わるようになってきます。ここでは、リズム感を損なう代表例を2つ挙げました。

例文1は「の」が3つ連続してしまっているために、リズム感が崩れています。「の」の連続は2つまでが目安です。例文2は、文章の中で「焦っている」という言葉を連続で使っているためにリズム感が生まれず、冗長な印象を与えてしまっています。OK例文では、「焦っている状態にならないようにしよう」を、大胆に「注意しよう」に置き換えることで、意味を変えずにリズムをつくっています。

ポイント

- √「の」の連続は2つまで。「の」が3つ以上続く場合は別の表現で置き換えるようにする。
- √ 同じ言葉を続けて使わない。冗長な表現になるうえ、リズムも崩れてしまう。
- √ リズムが「単調」になる例として、同じような文末表現が続くケースもある。編集の文法23を参照。

編集の文法23　文末表現に変化をつける

NG
1. 介護サービスを利用するには、利用者が1割を負担**します**。要介護5に認定されている場合、1カ月あたり139,000円の負担に**なります**。毎月の出費ですから、家計への負担は大きく**なります**。

2. 昨日は5時に退社したあと、英会話教室に行き**ました**。1時間のグループレッスンを受け**ました**。そのあと、受講生仲間と夕飯を食べてから家に帰り**ました**。帰ってからは、明日からの出張に備えて準備を**しました**。そして、早めに就寝**しました**。

OK
1. 介護サービスを利用するには、利用者が1割を負担**します**。要介護5に認定されている場合、1カ月あたりの負担は139,000円**に**。毎月の出費ですから、家計への負担は大きく**なります**。
2. 昨日は5時に退社後、英会話教室**へ**。1時間のグループレッスンを受け**て**、受講生仲間と夕飯を食べてから**帰宅**。帰ってからは、明日からの出張に備えて準備を**して**、早めに就寝**しました**。

解説

　文末表現が「〜ます」の繰り返しや、「〜です」「〜しました」という同じ表現の繰り返しで終わらないように注意しましょう。文末に同じ表現が続くと、リズムが単調になってしまいます。

例文1は、「〜ます」を繰り返した例です。続けて読んでいくと、単調な感が否めません。また、例文2は過去の事象について、すべて「〜しました」という過去形を用いています。文章は、過去の事象だからといって、すべてを過去形で書く必要はありません。現在形を途中で用いたとしても、表現次第で「過去」を伝えることができます。

　文末を同じにしないようにするには、OKの例文で示した「負担は139,000円に（なる）。」という助詞で止める方法や、例文で示した「準備をして、」というように次の接続詞とまとめる方法があるほか、「食べてから帰宅。」というように、体言止めを用いる技もあります。

ポイント

- ✓ 文末に同じ表現を用いると、リズムが単調になる。
- ✓「過去」を伝えるときに、文末をすべて過去形にする必要はない。
- ✓ 文末表現を変えると、文章のリズム感がよくなり読みやすさも上がる。

第 5 章

文章構成力を鍛える「編集の文法」

本章は、前章に引き続いて、文章構成力を磨くために必要な「編集の文法」を解説していきます。文章構成力は「文章全体の構成ができるか」を示す力であるため、例文が少し長くなりますが、全文を冒頭で提示します。

BeforeとAfterを読んでみて、どこを編集しながら全体構成を確立していったのかを一度考えてみてください。その後、今までと同じようにNG例文、OK例文を見せる形で、適宜、抜粋しながら、編集の文法を解説していきます。

なお、掲載文章の目的は「編集の文法」の解説であり、内容についての専門家の監修は行っていないことを最初にお断りしておきます。

Before

タイトル
糖質制限の前に知ってほしい身体の仕組み
サブタイトル
健康的な身体づくりとストレスの関係

今年は、例年に比べて5月から半袖を着る日が多い。毎年、肌の露出が多くなる季節になると雑誌やネットでも体質改善やダイエットなどの特集が目につくようになる。糖質制限は、糖質以外の摂取に制限がないため、ストレスなく簡単にはじめられるダイエットとして人気だ。結果も早く表れるため実践者も多い。

しかし、近年、糖質制限が健康被害のリスクがあることにも注目が集まっている。

糖質制限ダイエットの仕組み

そもそも糖質は大切な栄養素の1つ。タンパク質、炭水化物、脂質の三大栄養素のうち、炭水化物を構成しているのが食物繊維と糖質である。活動エネルギーや脳のエネルギーにもなるため、糖質の摂取は生きるうえで欠かせない。しかし必要以上に摂取すると太る原因になって

しまうのだ。

糖質制限ダイエットで体重が落ちるのは、糖質の代わりに中性脂肪が減るためだ。炭水化物など糖質を多く含む食物の摂取を制限すると身体の中の糖質が足りなくなり、代わりに中性脂肪がエネルギー源となり、結果的に脂肪が減る。

しかし、前述の通り糖質は人間の生命活動に必要なエネルギー源であるため、少なくなりすぎるとエネルギー不足、栄養失調などになる健康被害のリスクが生じる。それにもかかわらず体重がみるみる落ちるため、体調不良がありながらダイエットを続けてしまうという中毒性がある。これは糖質制限ダイエットの特徴の1つと言えるかもしれない。

ダイエットとストレスの関係
ダイエットは、食べすぎた分をなかったことにしたいという考えだ。
過剰に摂取しなければダイエットの必要性はなくなるわけだが、そうわかっていてもなぜ、必要以上にエネルギーをとってしまうのだろうか。

エネルギーを摂取してしまう原因の1つにストレスが考えられる。ストレスや疲労を感じると人は糖質を欲するようになる。また、糖質を摂取すると血糖値が急激に上がる。血糖値は急激に上がると急激に下がり、ホルモンバランスが乱れる原因となる。つまり、食欲が止まらなくなるわけだ。

また、ストレスを感じると我々人間は、ストレスに対する抵抗力を高めるコルチゾールというストレスホルモンを分泌する。そして、ストレスを継続的に感じているとコルチゾールの分泌が過剰になり、食欲を抑えるホルモンであるセロトニンの分泌が低下する。つまり、食欲が止まらなくなるのだ。さらに、糖質の過剰摂取は食べてもすぐに空腹を感じるという悪循環に陥りやすい。

ということは、ストレスのない生活を送ることが健康的な身体づくりには欠かせないと言えるのではないだろうか。現代社会は、競争社会や管理社会とも言われ、ストレスを抱えて心の病を患う人も増えている。食べる必要がないのに食べてしまうのは、意志が弱いのではなくホルモンが正常に機能しなくなっているというアラートと考えることもできそうだ。そういった状況に陥った際には、日常生活を見直し、ストレスの原因を見つけ対策す

ることが結果的にはダイエットにつながるのかもしれない。

After

タイトル
糖質制限よりも、ストレスフリー生活で
ダイエットの実現を！
サブタイトル
糖質制限ダイエットがもつ危険性

今年は、例年に比べて5月から半袖を着る日が多い。毎年、肌の露出が多くなる季節になると雑誌やネットでも体質改善やダイエットなどの特集が目につくようになる。

中でも、糖質制限ダイエットは、糖質以外の摂取に制限がないため、ストレスなく簡単にはじめられるダイエットとして人気がある。結果も早く表れるため実践者も多い。しかし、近年、糖質制限ダイエットのリスクにも注目が集まっているのをご存じだろうか？

糖質制限にはエネルギー不足、栄養失調、中毒性などの危険性がある

そもそも糖質は大切な栄養素の1つ。タンパク質、炭水化物、脂質の三大栄養素のうち、炭水化物を構成しているのが食物繊維と糖質だ。活動エネルギーや脳のエネルギーにもなるため、糖質の摂取は生きるうえで欠かせないものだが、必要以上に摂取すると太る原因になってしまう。

糖質制限ダイエットで体重が落ちるのは、糖質の代わりに中性脂肪が減るためだ。炭水化物など糖質を多く含む食物の摂取を制限すると身体の中の糖質が足りなくなり、代わりに中性脂肪がエネルギー源となり、結果的に脂肪が減る。

しかし、前述の通り糖質は人間の生命活動に必要なエネルギー源であるため、少なくなりすぎるとエネルギー不足、栄養失調などになる健康被害が生じる危険性がある。それにもかかわらず体重がみるみる落ちるため、体調不良がありながらもダイエットを続けてしまう中毒性もある。これらが糖質制限ダイエットの危険性と言えるだろう。

食べすぎの元凶はストレスにあり！

そもそも食べ物を過剰に摂取しなければダイエットの必要性はなくなるわけだが、そうわかっていても、なぜ、必要以上にエネルギーをとってしまうのだろうか。

エネルギーを摂取してしまう原因の1つにストレスが考えられる。ストレスや疲労を感じると、人間の身体は以下の3パターンで体重を増やそうとする。

まず、ストレスへの抵抗力を高めるコルチゾールというホルモンが分泌される。コルチゾールの分泌が過剰になると食欲を抑えるホルモンのセロトニンの分泌が低下するため、食欲が止まらなくなる。

次に、ストレスは糖質の過剰摂取を誘引する。糖質を過剰摂取するとホルモンバランスが崩れ、食欲が止まらなくなり体重の増加につながってしまう。同時に、糖質の過剰摂取は空腹感を増す効果もあるため、食欲が止まらなくなり、体重増加につながる。

ストレスのない生活こそが、ダイエットへの早道

ということは、ストレスのない生活を送ることが健康的な身体づくりには欠かせないと言えるのではないだろう

か。現代社会は、競争社会や管理社会とも言われ、ストレスを抱えて心の病を患う人も増えている。食べる必要がないのに食べてしまうのは、意志が弱いのではなくホルモンが正常に機能しなくなっているというアラートと考えることもできる。

食欲が過剰になるといった状況に陥った際には、日常生活を見直し、ストレスの原因を見つけ対策することが結果的にはダイエットにつながるのだ。

タイトルは文章の本質をとらえているか？

　読み手に対して、文章との最初の出会いを提供するのが「タイトル」です。タイトルには、文章全体が何についてまとめられたものなのかを簡潔に伝えることと、興味をもってもらうフレーズであることの両面が求められます。

　文章で書き手が訴えたかった主訴（テーマ）をわかりやすく盛り込み、本質をとらえたタイトルにするために必要な考え方をここでは紹介していきます。

編集の文法24　文章の目的が達成されている

解説

　文章には目的があることを第1章で解説しました。たとえば、集客目的でイベントの概要をまとめて紹介記事を書くのであれば、その文章の目的は「イベントに人を呼ぶこと」です。

　例文は、糖質制限ダイエットについて論じた文章です。NG例文を読んでみたときに、読み手であったあなたは、何らかの行動を取ったでしょうか？　行動は具体的なもの、たとえば「糖質制限ダイエットをやめる」といった内容である必要はありません。読んでみて、実際に自分の生活を頭の中で振り返るきっかけになったり、ストレスについて自分の状況を考えたりしたならば、行動が促進されたと言えるでしょう。

　しかし、おそらく多くの人が、読んだあとに「何を訴えたかったのだろう？」と疑問符を浮かべたはずです。一方、OK例文を読んでみると、書き手の主訴が「糖質制限には危険性があるので、ストレスを軽減してダイエットしましょう」だったことが頭に入ってきたのではないでしょうか。

　NG例文の文章構成では、書き手が訴えたかったこと（主訴）が明確になっていないために、読み手に混乱を与えてしまう結果となってしまったのです。混乱を生まないためには、文章構成力を身につけることと、文章に必要な論理構造（文章ロジック）を身につけることがいちばんの処方箋となります。

ポイント
- ✓ 文章構成力がないと主訴が読み取りづらい文章になってしまい、読み手に混乱を与えることになる。
- ✓ 文章構成力を身につけるには、編集の文法を理解することと、文章ロジックを学ぶことが大切。

編集の文法25　タイトルと本文の内容にはズレがない

NG

タイトル
　糖質制限の前に知ってほしい身体の仕組み

サブタイトル
　健康的な身体づくりとストレスの関係

OK

タイトル
　糖質制限よりも、ストレスフリー生活で
　ダイエットの実現を！

サブタイトル
　糖質制限ダイエットがもつ危険性

解説

　NG例文のタイトルは、「糖質制限の前に知ってほしい身体の仕組み」になっています。本文を読んでみると、糖質制限ダイエットを解説する過程で身体の仕組みについて記載はされていますが、どちらかというと内容は、「身体の仕組み」よりも「糖質制限ダイエットの仕組み」のほうが納得できます。また、サブタイトルにある「健康的な身体づくりとストレスの関係」には、残念ながらふれられていません。

　このように、タイトルと本文の内容にズレが生じてしまうと、タイトルに引かれて読みはじめた読者の期待を外してしまうため、がっかりさせてしまい、文章への信頼感が損なわれてしまいます。

　最近、Webページへのアクセス数を示すPV（PageView）を上げるために、リンクのクリックをうながすあおり文言の入ったWeb記事タイトルが増えている傾向を感じています。これは、一時的にはPVが伸びる効果を期待できますが、長期的に見て逆効果でしょう。自社のWebメディアや、Webサイトに対する信頼感を損ねたくないならば、タイトルと本文の内容がズレないように気を配ること。これが鉄則です。

ポイント

- ✓ タイトルと本文内容のズレは、読者をがっかりさせてしまい、信頼感を損ねることにもつながる。

{ ✓ 長期的に見た信頼感を得たいならば、ときにはPVを犠牲にすることも検討すること。

編集の文法26　読者の興味を引くタイトルがついている

NG
タイトル
　糖質制限の前に知ってほしい身体の仕組み
サブタイトル
　健康的な身体づくりとストレスの関係

OK
タイトル
　糖質制限よりも、ストレスフリー生活で
　ダイエットの実現を！
サブタイトル
　糖質制限ダイエットがもつ**危険性**

解説

　ネットを見ているときに、なんとなく気になってしまうタイトルを見ると、やはり中身も読んでみたくなるもの。書店で通

りかかった人に対して購買を訴える書籍のキャッチコピーと同じで、文章のタイトルは「興味関心をもってもらう」切り口でつけるようにします。タイトルは、次の5つの切り口で考えてみるとよいでしょう（表5-1）。

1. 数字を使って具体性を出す

「〜〜するための3つの法則」や「成功する要因は〜〜が9割」など、具体的な数字が入ったWebの記事や書籍のタイトルを見かけたことはないでしょうか？　タイトルの中に数字をいれると、具体的なことが書いてあると予想できるため、興味を引くことができます。

2. 疑問形や理由を効果的に使う

　疑問形や理由をうまくタイトルの中にいれるのも、読み手の興味を引くためによく使われているテクニックです。「なぜ？」と疑問形で問われると、頭の中で自動的に理由を考えはじめてしまうので、読みたいと思わせることができます。同様に、不可能と思われることの理由にも興味がわくので、「〜したワケ」「〜を実現できた理由とは」といった形を効果的に使うと、引きの強いタイトルになります。

3. 常識に対する逆説を唱える

　例で示した「遊びを学びにする」は、「遊び」に対して、相

表 5-1　興味を引くタイトルの切り口

1	数字を使って具体性を出す	モテる男性になるための**7つの方程式**
2	疑問形や理由を効果的に使う	**なぜ**、イノベーションが起きたのか？ さびれた商店街がV字回復した**ワケ**
3	常識に対する逆説を唱える	デキる人が実践する**"遊びを学びにする"**方法
4	「これまでにない」を出すキーワードを使う	お金に困らなくなるための**"新常識"**
5	不安感を盛り込む	**いざという時のために！** 南海トラフ地震に備えてなすべき防災対策

反する単語である「学び」をセットにしてインパクトを出したものです。常識的にはつながらない単語を並べると意外性が生まれ、読み手の興味を引きつける効果が出てきます。とはいえ、タイトルで並べた単語をつなげる説明をきちんとしないと不信感をもたれますので、その点にはご注意を。

4.「これまでにない」を出すキーワードを使う

　例では、「新常識」という単語を使ったタイトル例を示しました。ほかにも、「初公開」「○○史上最高」なども、「これまでにない」感を出すフレーズに該当します。新しさをうまく伝えるキーワードを考えるとよいでしょう。

5. 不安感を盛り込む

　不安感を盛り込むタイトルのつけ方も、読者の関心を引くテクニックとして用いられます。将来に対する不安、未知のものに対する不安、危険に対する不安などがあり、例では危険（地震）に対する不安を使っています。

　タイトルは、あとに続く本文を読んでもらえるか、もらえないかのカギとなるので、とても重要です。そのタイトルを考える際には大切なことが１つ。いずれの切り口を使うにしても、大げさな表現はさけるようにしましょう。特に、不安感を盛り込む切り口で大げさな表現を使ったものの、実際の内容とかけ離れていれば、信頼感を落とすことになるので注意が必要です。
　読み手に響くタイトルを考えるには、訓練が必要になります。どういったフレーズが心に響くのかを考えるためには、まずは自分自身が気になったフレーズを書き留めていくことをおすすめします。日々の生活で気になった単語やフレーズはすぐにメモをするとよいでしょう。私も、気になった単語はすぐにスマートフォンのメモに残すようにしています。

ポイント

- ✓ 紹介した５つの切り口を軸にして考えてみると、読み手に興味をもってもらえるタイトルを考えやすい。
- ✓ 大げさな表現は、信頼感を損ねる諸刃の剣になることも。

✓ 読み手に響くタイトルを考えるためには、日常生活の中にヒントがある。自分自身が気になってしまったフレーズは、すぐにメモをするクセをつけるとよい。

見出しは全体の構成を支える要素

見出しは、タイトルを支える文章の骨子であり、文章全体の構成を支える重要な要素です。タイミングよく見出しが入ることで、読みやすさが上がっていきます。ここでは、どのように見出しをつけていけばよいのか、解説します。

編集の文法27　飽きずに読み進められる見出しをつける

NG
　糖質制限ダイエットの仕組み
　ダイエットとストレスの関係

OK
　糖質制限にはエネルギー不足、栄養失調、
　中毒性などの危険性がある
　食べすぎの元凶はストレスにあり！

ストレスのない生活こそが、ダイエットへの早道

解説

　長文を読み進めるうえで、読みやすさを上げる働きをするのが見出しです。そのため、文章を編集する際には、見出しをよく吟味しましょう。第一歩として押さえておきたいことは、読み手が飽きずに読み進められるかどうか、です。

　NG例文とOK例文をよく見比べてみてください。何かに気づきませんか？　できれば、このあとは、答えを考えてから読み進めてみてください。

　見出しの「抽象度」が異なっている、が正解です。NG例文が「糖質制限ダイエットの仕組み」「ダイエットとストレスの関係」という幅広い事象を表す見出しになっているのに対して、OK例文はもっと抽象度を下げて、「糖質制限にはエネルギー不足、栄養失調、中毒性などの危険性がある」など、具体的なことがらをまとめて見出しにしているのです。

　見出しをつける際に押さえておくべきポイントは2つです。まずは、見出しをつける際は「具体的な言葉で説明されているもの」を1つ基準において考えることです。次に、見出しだけを読んでも内容が想像できることです。見出しだけでも、本文の内容を想像できるならば、全体の構成を支える見出しになっていると言えます。

ポイント

- ✓ 読み手が飽きずに読み進められる見出しを考える際には、抽象度を意識する。
- ✓ 幅広いことがらをカバーする抽象度の高い文言は見出しには向かない。より具体的な言葉で説明されている文言で見出しを考えるとよい。
- ✓ 見出しだけを読んでも本文内容が想像できるものは全体の構成を支えるよい見出しになっている。

編集の文法28　見出しとその本文にズレがない

NG

糖質制限ダイエットの仕組み

そもそも糖質は大切な栄養素の1つ。タンパク質、炭水化物、脂質の三大栄養素のうち、炭水化物を構成しているのが食物繊維と糖質である。活動エネルギーや脳のエネルギーにもなるため、糖質の摂取は生きるうえで欠かせない。しかし必要以上に摂取すると太る原因になってしまうのだ。

糖質制限ダイエットで体重が落ちるのは、糖質の代わりに中性脂肪が減るためだ。炭水化物など糖質を多く含む食物の摂取を制限すると身体の中の糖質が足りなくなり、代わりに中性脂肪がエネル

ギー源となり、結果的に脂肪が減る。

しかし、前述の通り糖質は人間の生命活動に必要なエネルギー源であるため、少なくなりすぎるとエネルギー不足、栄養失調などになる健康被害のリスクが生じる。それにもかかわらず体重がみるみる落ちるため、体調不良がありながらダイエットを続けてしまうという中毒性がある。**これは糖質制限ダイエットの特徴の1つと言えるかもしれない。**

OK
糖質制限にはエネルギー不足、栄養失調、中毒性などの危険性がある

そもそも糖質は大切な栄養素の1つ。タンパク質、炭水化物、脂質の三大栄養素のうち、炭水化物を構成しているのが食物繊維と糖質だ。活動エネルギーや脳のエネルギーにもなるため、糖質の摂取は生きるうえで欠かせないものだが、必要以上に摂取すると太る原因になってしまう。

糖質制限ダイエットで体重が落ちるのは、糖質の代わりに中性脂肪が減るためだ。炭水化物など糖質を多く含む食物の摂取を制限すると身体の中の

> 糖質が足りなくなり、代わりに中性脂肪がエネルギー源となり、結果的に脂肪が減る。
>
> しかし、前述の通り糖質は人間の生命活動に必要なエネルギー源であるため、少なくなりすぎるとエネルギー不足、栄養失調などになる健康被害が生じる危険性がある。それにもかかわらず体重がみるみる落ちるため、体調不良がありながらもダイエットを続けてしまう中毒性もある。**これらが糖質制限ダイエットの危険性と言えるだろう。**

解説

　編集の文法25で、「タイトルと本文の内容にはズレがない」ようにすることを説明しましたが、見出しと本文内容にも同じことが言えます。見出しと、見出しのあとに続く文章にもズレがないようにしましょう。ズレは読み手にとって混乱のもとになります。

　NG例文は、見出しには「糖質制限ダイエットの仕組み」という抽象度の高い表現を使っているので、内容が完全にズレているわけではありません。しかし、抽象度の高い見出しと文末のあいまいな文章表現によって、読者を混乱させる文章になっています。NG例文を読んだあとにすっきりしない原因は、最後に「糖質制限ダイエットの特徴の1つと言えるかもしれな

い」とあいまいな文章表現を使ってしまった点にあります。いちばん言いたいことは、接続詞の「しかし」を使って論を展開している「糖質制限ダイエットのもつ危険性」です。

　そこで、OK例文ではあいまいさを排除しました。あわせて見出しも、3つの段落からもっとも言いたいことを抽出して、「糖質制限にはエネルギー不足、栄養失調、中毒性などの危険性がある」とつけることで、明確にしました。

ポイント
- ✓ 見出しで示した内容と、続く文章の内容がズレると読者は混乱する。
- ✓ 抽象度の高い見出しとあいまいな文章表現は、さらに読者を混乱させる。
- ✓ 具体的な見出しと、あいまいさを排除した文章でズレがないように注意する。

全体構成を明確にすると説得力が増す

　文章の要は文章の全体構成ができていることです。全体構成とは、説明される内容の展開の流れを指します。文章を書き進める際に、タイトルと見出しで全体構成を意識しながら書くク

セをつけていきましょう。全体構成がしっかりとできていると、誤解されずに伝わる説得力のある文章になります。

編集の文法29　文章全体のテーマを明確にする

NG

タイトル
　糖質制限の前に知ってほしい身体の仕組み
サブタイトル
　健康的な身体づくりとストレスの関係

（最後のまとめ箇所を抜粋）
ということは、ストレスのない生活を送ることが健康的な身体づくりには欠かせないと言える**のではないだろうか**。現代社会は、競争社会や管理社会とも言われ、ストレスを抱えて心の病を患う人も増えている。食べる必要がないのに食べてしまうのは、意志が弱いのではなくホルモンが正常に機能しなくなっているというアラートと考えることも**できそうだ**。そういった状況に陥った際には、日常生活を見直し、ストレスの原因を見つけ対策することが**結果的にはダイエットにつながるのかもしれない**。

OK

タイトル

糖質制限よりも、ストレスフリー生活でダイエットの実現を！

サブタイトル

糖質制限ダイエットがもつ危険性

（最後のまとめ箇所を抜粋）

ということは、ストレスのない生活を送ることが健康的な身体づくりには欠かせないと言えるの**ではないだろうか**。現代社会は、競争社会や管理社会とも言われ、ストレスを抱えて心の病を患う人も増えている。食べる必要がないのに食べてしまうのは、意志が弱いのではなくホルモンが正常に機能しなくなっているというアラートと考えること**もできる**。

<u>食欲が過剰になるといった状況</u>に陥った際には、日常生活を見直し、ストレスの原因を見つけ対策することが**結果的にはダイエットにつながるのだ**。

解説

　NG例文でハイライトした箇所の文末を見ると「ではないだろうか」「できそうだ」「かもしれない」と、いずれも推測表現を使っています。一方、OK例文のハイライトした箇所を見てみると、「ではないだろうか」は同じですが、「できる」「のだ」という言い切り・断定表現を用いているのがわかります。

　結論を伝えるまとめの段階であいまいな表現を使うと、文章全体で何を伝えたいのかというテーマもあいまいになります。「自分が伝えたいことに自信がないから、あいまいな表現にしたい」と考えたくなるのかもしれませんが、情報発信する場合にあいまいさは禁物です。

　また、「文章全体のテーマを明確にする」という目的を達成するためには、タイトルと結論が対応していることも必要になってきます。NG例文では、対応しているとは言えません。OK例文では、タイトルにある「ストレスフリー生活でダイエットの実現を！」を主張するための結論として、「ストレスの原因を見つけ対策することが**結果的にはダイエットにつながるのだ**」という主張が明確に記述されています。さらに、改行して段落を分けていることで、主張をより強調する効果も出ています。

　最後に復習として下線箇所への補足を1つ。NG例文で「そういった状況」と表現していた箇所を、OK例文では「食欲が過剰になるといった状況」としました。こちらは、「編集の文

法14『これ』『それ』などの指示代名詞を多用しない」の、使用例です。

ポイント
- ✓ あいまいな表現を使うと文章全体のテーマがぼやけてしまうので使わない。
- ✓ テーマを明確にするためには、タイトルと結論とが対応していることも必要。

編集の文法30　文章全体の論理構造を明確にする

NG
タイトル
　糖質制限の前に知ってほしい身体の仕組み
サブタイトルと見出し
　健康的な身体づくりとストレスの関係
　糖質制限ダイエットの仕組み
　ダイエットとストレスの関係

OK
タイトル
　糖質制限よりも、ストレスフリー生活で

> ダイエットの実現を！
> サブタイトルと見出し
> 　糖質制限ダイエットがもつ危険性
> **糖質制限にはエネルギー不足、栄養失調、**
> **中毒性などの危険性がある**
> **食べすぎの元凶はストレスにあり！**
> **ストレスのない生活こそが、ダイエットへの早道**

解説

　文章全体の論理構造は、タイトル、サブタイトル、見出しの各要素を抽出して頭から通して読んでみて、論理構造が成立しているか、していないかで判断します。

　NG例文を頭から読んでみると、「糖質制限の前に知ってほしい身体の仕組み」「健康的な身体づくりとストレスの関係」「糖質制限ダイエットの仕組み」「ダイエットとストレスの関係」となり、すべての要素が並列関係で並んでいる印象を受けます。また、「タイトル＞サブタイトル」の関係性がわかりづらかったり、見出しで使っている文言もタイトルになりえそうな印象があります。

　OK例文では、これらの指摘が解消されています。タイトルは文章の中で明確に伝えたい主訴を絡めた「糖質制限よりも、ストレスフリー生活でダイエットの実現を！」であり、タイト

ルで主張している結論を下支えする理由として見出しが続くピラミッド構造になっているのが読み取れます（図 5-1）。

　論理構造が成立しているか、していないかの見極めについては、最初は難しく感じるかもしれません。しかし、第6章で説明する「文章ロジック」を学ぶと、文章構成力に必要な論理構造を理解できるようになるのでご安心ください。今は、ポイントのみを押さえて先に進みましょう。

ポイント

- ✓ 文章の論理構造は、タイトル、サブタイトル、見出しの各要素を確認することで、全体構成が成立しているかしていないかを判断できる。
- ✓ 全体構成は、タイトルと見出しの関係がピラミッド構造になっていると明確になる。

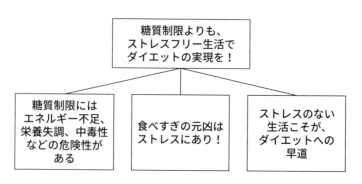

図 5-1　タイトルと見出しでピラミッド構造を形成している

編集の文法31　読者が興味をもって読み切れる流れにする

NG

ダイエットとストレスの関係

ダイエットは、食べすぎた分をなかったことにしたいという考えだ。

過剰に摂取しなければダイエットの必要性はなくなるわけだが、そうわかっていてもなぜ、必要以上にエネルギーをとってしまうのだろうか。

エネルギーを摂取してしまう原因の１つにストレスが考えられる。ストレスや疲労を感じると人は糖質を欲するようになる。また、糖質を摂取すると血糖値が急激に上がる。血糖値は急激に上がると急激に下がり、ホルモンバランスが乱れる原因となる。つまり、食欲が止まらなくなるわけだ。

また、ストレスを感じると我々人間は、ストレスに対する抵抗力を高めるコルチゾールというストレスホルモンを分泌する。そして、ストレスを継続的に感じているとコルチゾールの分泌が過剰になり、食欲を抑えるホルモンであるセロトニンの分泌が低下する。つまり、食欲が止まらなくなるのだ。さらに、糖質の過剰摂取は食べてもすぐに空腹を感じるという悪循環に陥りやすい。

○K
食べすぎの元凶はストレスにあり！

そもそも食べ物を過剰に摂取しなければダイエットの必要性はなくなるわけだが、そうわかっていても、なぜ、必要以上にエネルギーをとってしまうのだろうか。

エネルギーを摂取してしまう原因の1つにストレスが考えられる。**ストレスや疲労を感じると、人間の身体は以下の3パターンで体重を増やそうとする。**

まず、ストレスへの抵抗力を高めるコルチゾールというホルモンが分泌される。コルチゾールの分泌が過剰になると食欲を抑えるホルモンのセロトニンの分泌が低下するため、食欲が止まらなくなる。

次に、ストレスは糖質の過剰摂取を誘引する。糖質を過剰摂取するとホルモンバランスが崩れ、食欲が止まらなくなり体重の増加につながってしまう。同時に、糖質の過剰摂取は空腹感を増す効果もあるため、食欲が止まらなくなり、体重増加につながる。

解説

　文章には目的がありますが、まずは文章を最後まで読み終わってもらう必要があります。最後まで読んでもらうには、興味をもってもらう必要があり、そのためには、タイトルのつけ方のほかに、「文章の流れを止めないこと」も大切です。NG 例文には、文章の流れを止めている箇所が 2 つあります。

　まず、「ダイエットとストレスの関係」というタイトルのあとに、「ダイエットは、食べすぎた分をなかったことにしたいという考えだ」という 1 文が続きます。実はこの 1 文が文章の流れをせき止めている 1 つめの箇所です。ダイエットという「手法」を指す言葉に対して「考えだ」という矛盾した説明をしているために、読み手の頭に疑問符を呼び起こします。矛盾した説明によって思考をストップさせ、文章の流れをせき止めているのです。

　2 つめは、説明の順序です。NG 例文では、エネルギーを摂取する原因が「ストレス」であることを説明したあと、「糖質」の説明になり、「コルチゾール」の分泌の説明になり、「糖質」の説明になる流れになっています（図 5-2）。一方、OK 例文では、エネルギーを摂取する原因が「ストレス」であることを説明したあと、「コルチゾール」の分泌の説明になり、「糖質」の説明になる流れになっています（図 5-3）。

　NG 例文のように説明の際に、文章の流れがいったりきたり

文章構成力を鍛える「編集の文法」

することは、読み手への混乱のもととなるのでさけましょう。OK 例文では、食欲が止まらなくなる原因を説明するにあたり、あらかじめ「ストレスや疲労を感じると、人間の身体は以下の3パターンで体重を増やそうとする」と、3つあることを示すことで、さらに理解しやすさがアップしています。

ポイント
- √ 読み切ってもらうためには、文章の流れを止めないことが大切。
- √ 文法は正しくても、内容が正しくない文章は流れを止める要因になる。
- √ 順を追って説明する場合には、似ているものをまとめて説明していくとよい。

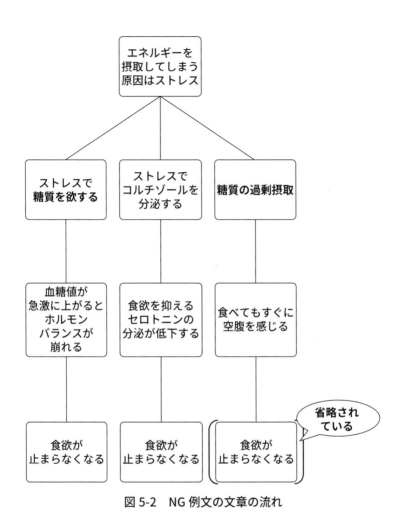

図 5-2　NG 例文の文章の流れ

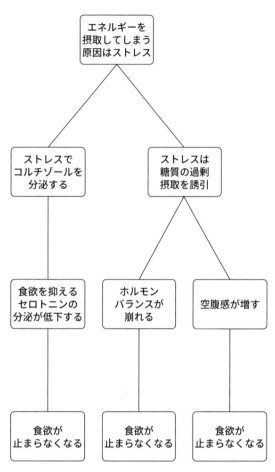

図 5-3　OK 例文の文章の流れ

第 6 章

文章に求められるロジックとは

文章には論理と感性の両方が必要になる!

　編集の文法を紹介する中で何度か、「文章ロジック」の重要性について触れてきました。本章では、伝わる文章に求められる「ロジック」について掘り下げていきます。

　文章ロジックは、いわゆるロジカルシンキングとは別物です。論理だけでもダメ。感性だけでもダメ。読者に共感してもらいたい、信頼してもらいたいという目的で文章を書くときに求められるのが、論理と感性の2つをかけ合わせた「文章ロジック」なのです。編集者は、この論理と感性を文章に編み込んでいるのです。

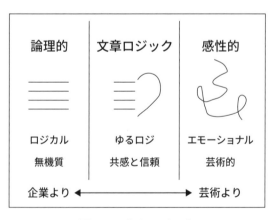

図 6-1　文章ロジック

文章ロジックのイメージを図 6-1 に示しました。相手から共感と信頼を得たい場合、論理と感性の両方が必要になります。「ロジカル」だけを追求した文章は当然のことながら「論理的」になり、読み手に与える信頼は高くなります。他方で、文章が無機質になりがちです。

　一方、「エモーショナル」を追求した文章は「感性的」になります。自由な発想で書かれたエッセイや詩などがその極みと言えます。エモーショナルな度合いが高ければ高いほど、それを読み解くのに芸術的な感性が必要になりますが、読み手の共感を得やすくなります。

なぜ文章には論理と感性の両方が必要なのか

　なぜ、文章ロジックには論理と感性の両方が必要なのでしょうか。それは、先に述べた通り、感性がないと無機質でおもしろくない文章になってしまうからです。論理的であっても、心に響かない文章は読みにくく、それゆえに伝わりにくいのです。

　たとえば、学術論文を思い浮かべてみてください。仮説を証明するために論理立てた文章で書かれているのが学術論文です。感性よりも論理が重視されているため、読んでいて爽快感を感じることやおもしろいと感じることはあまりないでしょう（もちろん、興味深いという意味での「おもしろい」はあると思います）。

すでに言葉だけを先に出してきましたが、本書では、ロジカルとエモーショナルの両方を満たすロジックを「文章ロジック」と呼びます。文章ロジックに求められるのは「ゆるやかなロジック」、略して「ゆるロジ」です。

まずは用語を整理し、そのあと論理的な文章を書くときに使うロジカルシンキングを解説します。そして最後に、ロジックをゆるめた「ゆるロジ」について説明していきます。

文章ロジックは、第3章〜第5章で紹介した編集の文法の中でも、「27〜31」と密接な関係があります。

> 編集の文法27　飽きずに読み進められる見出しをつける
> 編集の文法28　見出しとその本文にズレがない
> 編集の文法29　文章全体のテーマを明確にする
> 編集の文法30　文章全体の論理構造を明確にする
> 編集の文法31　読者が興味をもって読み切れる流れにする

論理構造を明確にするのは、「言うは易く行うは難し」です。少し難しい話が続きますが、必要最低限に抑えて紹介していくので、しばし、お付き合いください。

コラム　文章とロジックと私

　今でこそ、編集者の執筆スキルを「編集執筆力」として体系化して教えていますが、出版社で働いていた頃は、「どうやったら、文章がうまくなるのか？」と問われたとき「文章はフィーリング（感性）。読んだときに相手に意味が伝わるように書けばいい」と回答していました。

　なので、文章と私の付き合いは間違いなく「感性」からはじまっています。その点は、夫をはじめ、友人の誰もが異論をはさまないでしょう。しかし、社会人として大学院に通った際に、ゼロからロジカルシンキングについて学んでから、「私は、『フィーリングで文章を論理立てて組み立てていた』こと」に気づきました。

　今でも論理的に考えるのは苦手ですが、それでもフィーリングで作業していたことを分解して整理したときに、そこに「論理」を見つけることができました。それ以来、論理立てて話すことや文章を書くことに自信をもてるようになりました。

　共感と信頼を生み出す「ゆるロジ」に到達するには、ロジカルシンキングの基本をマスターしなければなりません。特に、一般的に論理思考が苦手と言われている女性は、最初はハードルが高いと感じるかもしれません。しかし、料理が最初からできないことと同じで、コツをつかんで練習すれば上達していきます。一緒にがんばっていきましょう！

論理と論理的とロジカルシンキング

　いきなりですが、論理と論理的とロジカルシンキングという用語の違い、みなさん説明できますか？

　難しいですよね……。私自身、これらの用語の概念を頭の中で整理して理解するのにずいぶん時間がかかりました。色々な定義やとらえ方があるとは思いますが、本書では『13歳からの論理ノート』（PHP研究所刊）の著者、小野田博一氏による定義を用いて3つの用語を整理することにします。

　小野田氏によると、論理とは「理屈の組み立て方」を指します。また、論理的とは、結論に対して「その理由に『もっともな感じ』があるとき、それを『論理的』と呼びます」と定義しています。そこで、本書では、論理を「結論と理由をつなぐ理屈」と定義し、論理的を「結論と理由の関係に『もっともな感じ』があること」と定義します。

　ロジカルシンキングとは、一般的には「筋道を立てて考える思考法」と説明されます。文章を書くうえでは、「文章を論理的にするために必要な考え方」であり、本書では、「論理を考える際の考え方」と定義します。

　なお、ロジカルシンキングを用いて文章を書く手法のことを、一般的には「ロジカルライティング」と呼びます。

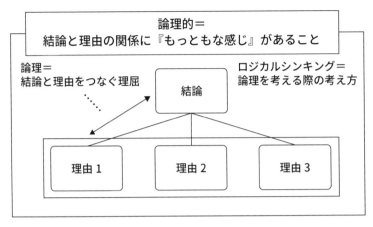

図 6-2　論理と論理的とロジカルシンキング

論理的な文章に必要なロジカルシンキング

　文章の目的が、「上長から承認を得たい」「経営層を説得したい」など、何らかの判断や決裁を求めることであるならば、論理的（結論がもっともらしく感じられる）な書き方を迷わず取り入れるべきです。内容を論理的に提示していくことで、判断をうながすことができます。

　論理的なもっともらしい文章を書く際に用いる論理（理屈の組み立て方）の代表例は、MECE、So What? / Why So?、ピラミッド構造です。

MECE

MECEは、「モレなくダブりなく」という意味の英語であるMutually Exclusive and Collectively Exhaustive（相互に排他的で、ともに網羅的）の頭文字です。「ミーシー」や「ミッシー」と読まれます。

モレもダブりもない状態、とはどういった状態なのでしょうか。たとえば、性別を「男性」と「女性」に分けるのがそうです。そのほか、日本の47都道府県も日本の国土をMECEに分類している例でしょう。

では、モレのある状態とはどのような状態なのでしょうか。たとえば、成人女性を「会社員」と「学生」で分類したとします。しかし、「公務員」や「主婦」や「教員」などなど、ほかにもたくさんの職種が考えられるので、「会社員」と「学生」の2つだけでは、成人女性全体をカバーできません。これが「モレがある」状態です。

一方、「ダブり」とは領域が重なっている状態を指します。最近では、会社が終わったあとに大学院に通う人も増えており、「会社員」と「学生」の両方に当てはまる「社会人学生」が存在します。これが「ダブっている」状態です。

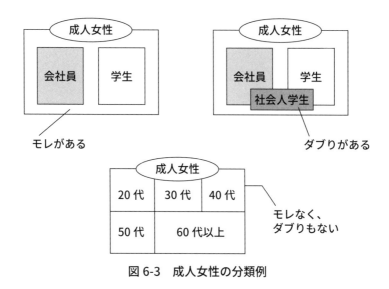

図 6-3　成人女性の分類例

　MECE に分類するコツは、適切な切り口を用意することです。たとえば「年代」という切り口。「20 代」「30 代」「40 代」「50 代」「60 代以上」と分ければ、要素が欠けたり、重複したりする部分は生じずに「MECE に分類できた」と言えます（図 6-3）。

　MECE に書かれた文章は、ものごとを網羅的に、抜けモレなく記述したものとなるため、主張した内容についてもっともだと思ってもらいやすくなります。また、ものごとを一定の切り口で整理してから説明することになるため、読み手の理解度アップも期待できます。

So What? / Why So?

So What? / Why So? は、話の飛び（論理の飛躍）をなくす技術のことで、論理的な文章作成に利いてきます。特に、複数の情報から「要するに何が言えるのか？」「その結論は妥当であるか」という理由を考えるときに有効です。

それぞれ、以下のように使います（図6-4）。

So What?
1. 手持ちの情報から、「問い」に対する、導き出せる結論を**見つけ出す**
2. 「（〜〜といった情報から）、だから何を言えるの？」と結論を**見つけ出す**

Why So?
1. So What? で導き出したものに対して、「本当にそう言えるのか？」と質問し、納得できる理由づけであることを**確認する**
2. 「なぜ、そう思うの？（なぜなら、〜〜といった情報があるから）」と考えてみて、納得感のある根拠が示されているかを**確認する**

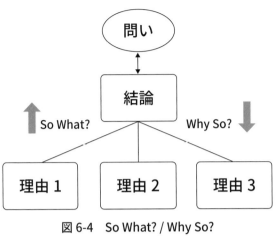

図 6-4 So What? / Why So?

ピラミッド構造

論理構造の基本は、ピラミッド構造です。今まで説明した、MECE と So What? / Why So? をもとに論理を組み立てていくと、図 6-5 のようなピラミッド構造ができてきます。

ピラミッド構造には次の 3 つの原則があります。

1. 結論＝問いに対する「答え」の要約
2. 上位の結論＝下位グループの要約
3. 横方向の複数の要素は MECE な関係にある

つまり、縦方向の結論を頂点として、So What? / Why So? の関係になるように論理展開していくのがピラミッド構造です。

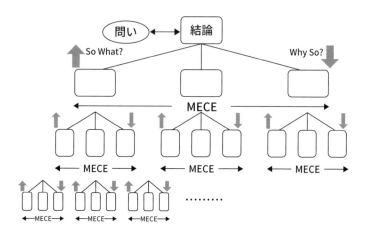

図6-5 ピラミッド構造

ピラミッドを考える際にはいくつかコツがあります。

まず、縦方向の階層の深さについて。どのくらいの階層が必要かは、「誰」に対してこの構造をつくっているかによって変わってきます。「誰」が読むのかを意識して、階層の深さを決めましょう。

次に、横の展開をどのくらいまで考えるべきか。これは、2〜3というのがおすすめです。論理を把握しながら情報を読み取っていく場合、横に展開しすぎると理解が追いつかなくなってしまいます。多くても3〜4に収めるようにすると、わかりやすい構造になります。

論理×感性の文章＝
文章ロジックとは

　論理的な文章の目的は「上長から承認を得たい」「経営層を説得したい」など、何らかの判断を求めることにあります。こういった場合にはしっかりとした論理が必要ですが、読み手に「楽しい」「役に立つ」などの共感を与えたい場合には、必ずしもガチガチに論理的である必要はありません。

　論理と感性をかけ合わせたものが文章ロジックでした。文章ロジックは、ロジカルシンキングに縛られる必要はないのです。

　ただし、論理構造があまりにも崩れると信頼感がなくなってしまうため、ある程度は論理（理屈の組み立て）を保つ必要があります。では、文章ロジックに必要な論理として、どこまで崩してもよいものなのでしょうか？　それは、読者に疑問が生じず、順序立って説明されていると感じられる範囲内というのが目安になります。この範囲内で論理をゆるめることで、論理と感性がかけ合わされてゆるロジな文章になっていきます。

　崩し方には、大きく次の3つがあります。

1. MECE ではなくても MECE 感があればよい
2. 根拠は主観でもかまわない
3. Why So? はすべての人が納得できなくてもよい

MECEではなくてもMECE感があればよい

　読み手の信頼を得る文章を書くためにはピラミッド構造が必要になってきます。そして、ピラミッド構造では、横方向の要素はMECEになっている必要があるのでした。

　しかし、厳密なMECEにすると、カタい印象が強くなってしまいます。厳密ではなくてもMECE感があれば、不信感を抱くような構成にはならず、「ゆるロジ」が保たれます。

　たとえば、タイトルに「モテる男性になるための**7つ**の方程式」とついた文章について考えます。このとき、本文に6つしか方程式（理由）がなかったとしたら、不足感が出てしまいますが、きちんと7つの理由が入っていれば、その7つがMECEではなくても、不信感をもたれることはありません。

根拠は主観でもかまわない

　ロジカルライティングでは、結論の根拠となるものには「事実」が求められます。しかし、ゆるロジでは、根拠は個人の「主観」であってもかまいません。

　たとえば、「バナナが好きです」という文章があったとします。そして、その理由が「毎日食べても飽きないから」だったとします。これは個人的な主観ですが、「この人は毎日食べて

も飽きないくらいバナナが好きなのね」という「もっともらしい感じ」を与えることができます。

Why So?はすべての人が納得できるものでなくてもよい

　手持ちの情報から導き出せる結論を見つけ出すSo What? と、So What? で見つけ出した結論に納得できる理由づけがあることを確認するWhy So? があるということを紹介しました。

　Why So? は、文章を読んだときに「納得できるかどうか」の目安になります。そのため、「自身の考えを伝えたい」という「オピニオン（主張）」の文章を書く場合には、すべての人に納得してもらうWhy So? ではなくても問題ありません。

　そもそも、こういった文章の場合、すべての読み手がWhy So? の視点でとらえたときに納得することはないはずです。書籍なり、新聞のコラムなり、Web記事なり、何か文章を読んでいたときに「この著者は自分と考え方が異なる人だな」と感じたことは、どなたもあるはずです。

　言論の自由が認められている文章の世界においては、個々の考え方が異なっていてしかるべきなのです。

第 7 章

共感を得られる文章を書くには

文章は、読者の共感を得てこそ伝わります。本章では、頭で理解できるという意味での「伝わる」にとどまらず、相手の共感を得て、心に届く文章にするためにはどういった視点が必要かを説明します。

そのあと、共感を呼び、刺さる文章を書く助けとなるツールを紹介します。

相手に刺さる文章とは？

第1章で「伝わりやすい文章」の基準について、以下の5点を説明しました。

1. 相手の見る視点（横軸）と合っている
2. 相手の見る抽象度（縦軸）と合っている
3. 自分の言葉を不用意に使わない
4. 相手の業界の言葉、専門用語を使っている
5. 相手の過去の経験値と合っている

「文章をきっかけに、読み手の感情に何らかの変化を起こす文章」が共感を得られる文章だとすると、さらにもう1つ、次の基準を加える必要があると私は考えています。

・相手の価値観や欲求を考えながら書いている

　仕事柄、「どうすればおもしろい文章を書くことができるのか？」と質問されることがよくあるのですが、いつも「ある特定の1人をターゲットにするのがいいですよ」と回答しています。そのほうが、読み手が抱えている「悩み」や「知りたいこと」が見えてくるからです。

　書籍を編集していた頃、読者が大切にしている「価値観」や、何を欲しいと思っているのか、何に困っているのかという「欲求」を、長い時間をかけてリサーチし、検討していました。これは、書籍を文章に置き換えても同じです。
　私は、読者の「価値観」や「欲求」を考えることを、読者の「メガネをかける」と表現しています。相手のメガネをかけて、何を大切にしているのか、何を欲しているのかを考えるのです。メガネは何種類もあります。文章を書く相手に応じてかけ替えていきましょう。

読者のメガネをかけて、相手に刺さる言葉を探す

　読者のメガネをかけましょうと言われても、どうしたらいい

かわからないですよね。「相手の視点に立ってものごとを見る」ために、具体的にどのようなステップをふめばいいのでしょうか。そこで、相手の価値観や欲求を考えるのに、有効なツールとして、共感マップとカスタマージャーニーマップを紹介します。

共感マップ

共感マップとは、もともとは米 IDEO 社が開発した情報整理のためのツールです。主に、新しいアイデアをもとに新規事業を立ち上げるなどのイノベーションの実現をめざすときに使われるツールですが、自分が情報を届けたい相手の興味を知るために使うこともできます。

シンプルな4つの切り口から相手の思考と感情について検討するのが共感マップです。ホワイトボードでもコピー用紙で

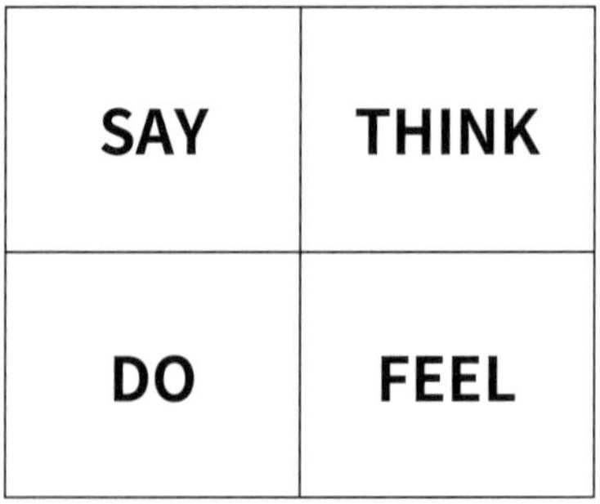

SAY	THINK
DO	FEEL

図 7-1　共感マップ

もいいので、縦横に線を引き、4マスのマトリックスをつくり、図のように「SAY」「DO」「THINK」「FEEL」と書き込みます。あとは付せんを用意すれば準備完了です（図7-1）。

それぞれのマスには次のような意味があります。

SAY（話したこと）：相手はふだん何を話しているか、どんな言葉を使っているか
DO（行動したこと）：相手はどういった行動を取っているか
THINK（考え方）　：相手は何を考えているのか、どんな価値観をもっているか
FEEL（感じ方）　　：相手がどういった感情を抱き、感じ取っているか

ツール本来の使い方はサービスを提供する相手をつぶさに観察し、実際に話していることや行動を書きとめ、そのメモをもとに、目では見ることができない「考え方」や「感じ方」について推察し、相手の人物像を掘り下げていくというものです。

読者を観察できる場合には、観察してみたりインタビューしてみるとよいでしょう。しかし、実際に観察できなくても、このツールを使うことで、想定読者の興味の掘り起こしが簡単に

なります。

　若手社員をターゲットにした書籍をつくるとします。そして、帯に入れるキャッチコピーを考えるときにこのツールを使い、相手がより共感しやすい言葉や、刺さりやすい言葉を探します。「入社3年めで新人指導を任された若手社員」を想定読者に共感マップを作成してみたのが図7-2です。SayとDoに出てきたキーワードをもとにして、ThinkやFeelを考えていきます。そして、ThinkとFeelで出てきた言葉をベースに、「頼られる先輩になるには？」や、「後輩に負けたくないと思ったら」などのフレーズを文章に盛り込んでいくのです。

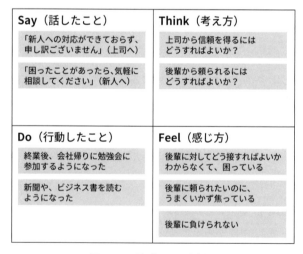

図7-2　共感マップ事例

使い方のポイントは、以下の通りです。

- 読者がどのような状況にいるかを設定すること。特定の状況を設定しないとキーワードの洗い出しが難しい
- 観察が難しい場合は、設定した状況に自分自身をおいてみる。自分の行動を振り返って、Say と Do を埋め、次に Think と Feel を考える
- 可能であれば、想定読者を探してインタビューする

カスタマージャーニーマップ

カスタマージャーニーマップを使うと、自分の経験がないことについてもメガネをかけられるようになります。

カスタマージャーニーマップは、新たなサービスや製品を考える「サービスデザイン」と呼ばれる分野から生まれたフレームワークです。サービスを使用する顧客の目線になってサービスの使い勝手を可視化することで、顧客の思考や感情を検討します。

カスタマージャーニーマップを構成する要素には、フェーズ、行動、思考、感情のほか、サービスを利用するタッチポイント（接触機会）や、インサイト（気づき）などがありますが、「読み手の思考や感情を検討する」という目的で用いる場合には、以下の要素があれば十分でしょう（図 7-3）。

フェーズ：設定された状況のもとでの時系列
行動　　：フェーズごとに読者が取る行動
思考　　：その行動を取ったときに、頭の中で考えていること
感情　　：行動に伴って発生している感情、
　　　　　0を起点に、＋方向、－方向への振れ幅を波線で記入する
気づき　：洗い出した思考と感情をもとにした、相手に刺さると思われる表現

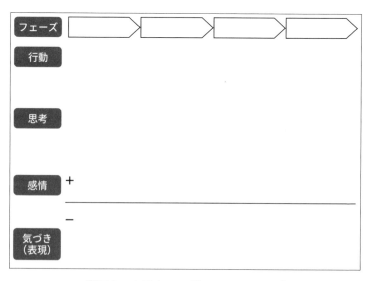

図 7-3　カスタマージャーニーマップ

カスタマージャーニーマップをはじめるには、まず「ペルソナ」をつくります。ペルソナとはサービスを提供したいと考えている「想定顧客」のことです。架空の人物像ではありますが、「30代の女性で、子どもが2人いて、夫の年収はいくらで、自分も働いていて」などなど、細かいライフスタイルを具体的に設定していきます。

　ここでは、以下のペルソナをもつ読者を想定して、カスタマージャーニーマップの使い方を説明します。

> 人物：25歳男性。入社3年目。
> 性格：真面目だが、人前で話すのは不得意。

「最近、ひと通りの業務をミスなく回せるようになってきた」この男性が、「OJTの講師として新人研修をしなければならなくなった」という状況におかれているとします。ペルソナの男性の目線で行動、思考、感情、気づきを洗い出していきます。
　結果を図7-4に示します。

　感情がマイナスになっているところから気づきを得て、刺さる表現を考えていくのがポイントです。たとえば、準備フェーズで、「何から手をつけていいかわからない！」という思考が生じていることに注目して、「何から手をつけていいかわから

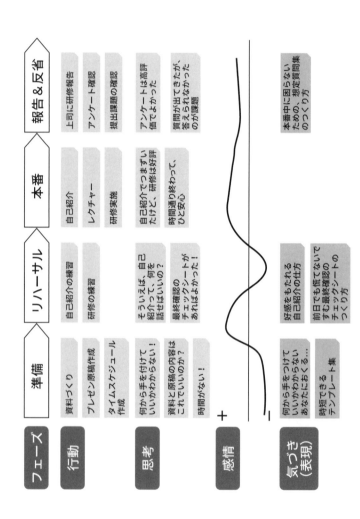

図7-4 カスタマージャーニーマップ例

154 第7章

ないあなたにおくる」という表現を考えることができます。また、「時間がない！」と焦りを感じていることから、「時短」というフレーズが響きやすいと考えることもできるでしょう。

　カスタマージャーニーマップの使い方のポイントは次の通りです。

- ペルソナを細かく設定するほど、メガネを通してよく見えるようになる
- 行動を書きだしたあとに思考と感情を検討すると書きやすい
- 感情がマイナスになっているところから気づきを得て、刺さる表現を考えていく

　共感マップとカスタマージャーニーマップ、いずれも相手の思考と感情がどのようになっているかを検討するツールです。カスタマージャーニーマップのほうが、フェーズごとの詳細な状況設定があるために、より詳しく想定読者の思考や感情を検討することができます（その分時間はかかりますが）。

　いずれのツールも、いきなり書きはじめようとするとなかなか手が進まないものです。付せんを使って、「貼り直しも書き直しもすぐにできる」というライトな気持ちで書き出していくというのがコツです。

第 8 章

書いてみる、添削してみる!

知識をインプットしたあとは、実際に書いてみることが大切です。第3章〜第5章でまとめた「編集の文法」はノウハウとしてまとめたので、すぐにでも効果を発揮するものだと自負しています。しかし、自分のものにするためには訓練が必要です。

　本章では、文章の書き方の基本を覚え、スキルアップしていくために、編集の文法チェックシートをどのように活用すればよいのか、実際の添削例を使いながら解説していきます。

上達のコツはまねること
——要素と構成をまねてみよう

　「文章がうまくなりたい！」と躍起になっていた大学時代のこと。先輩から「上手な文章をまねするとうまくなるから、天声人語を毎日書き写すといいよ」と言われ、実際に試してみたのですが、書き写す時間がかかるばかりで目立った上達はなく、すぐにやめてしまった苦い経験があります。当時は負け惜しみで、「写しただけじゃ、文章力は上がらない！」と思ったものでした。

　しかし、上手な文章のまねをすることは、間違いなく上達につながります。あのときうまくいかなかったのは、写すときのポイントがわからなかったからです。ポイントは、「要素」と

「構成」です。要素は「書かれている内容」、構成は「要素の流れ」ととらえてください。

　文章の中にどういった「要素」が盛り込まれていて、どのように「構成」されているかを確認しながら書き写していくことで、文章力は向上していきます。

　書き写す時間がない場合も、要素と構成を見抜く目を養うように読んでいけば、文章の書き方がわかってきます。

　実際に文章を書くときには、自分がこれから書く文章の目的に近い文章をお手本にするといいでしょう。あとは、お手本の要素と構成をまねしながら自分の文章を書いていけばよいのです。どこをまねればいいのかについては、このあと、お手本となる実例を3つほど挙げて、詳しく見ていきたいと思います。

　なお、念のためお伝えしますが、「まねる」のは要素と構成のみです。お手本の文章をそっくりそのまま写して自分の文章として発表するのは著作権に抵触するNG行為です。絶対にしないようにしましょう（書き写して練習すること自体は私的利用になるため、問題ありません）。

ニュース記事の場合

　まずは、イベントを告知するニュース記事を見てみましょう（図8-1）。

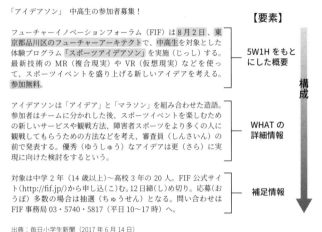

図 8-1　ニュース記事の要素と構成

　記事には、5W1H をもとにした概要、WHAT の詳細情報、申し込み先などの補足情報が順番に書かれています。
「8月2日」が WHEN、「東京都品川区のフューチャーアーキテクト」が WHERE、「中高生」が WHO、「参加無料」が HOW（MUCH）にあたります。この記事では、開催概要にあたる WHY が省略されていますが、アイデアソンという耳なじみの薄い言葉の解説と、WHAT の詳細情報を優先させたためだと考えられます。

スポーツ記事の場合

　スポーツの結果を伝えるニュース記事も見てみましょう（図

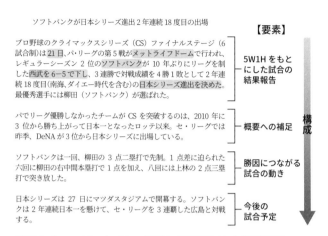

図 8-2　スポーツ記事の要素と構成

8-2)。5W1H を軸に書き始めていますが、一般のニュース記事と少し書き方が違うようです。

「21 日」が WHEN、「メットライフドーム」が WHERE、「ソフトバンク」が WHO、「西武を 6-5 で下し」が HOW、そして、「日本シリーズ進出を決めた」が WHAT にあたります。スポーツの結果報告では、ゲームが開催された経緯といった WHY は不用であり、省略されていることがわかります。

構成は、「5W1H をもとにした試合の結果報告」→「概要への補足」→「勝因につながる試合の動き」→「今後の試合予定」の順となっており、一般のニュース記事では最後にくる「補足情報」にあたる要素が 2 番目（概要への補足）にきているのに気づいたでしょうか。

これはおそらくですが、リーグ優勝しなかったチームがクライマックスシリーズに進出したのがめずらしいため、ニュース性が高いと評価され、最後ではなく先にもってきたと考えられます。このように自分で仮説を立ててほかのスポーツ記事を読んでいくと、また違った角度で記事を分析でき、色々な構成パターンがあることを学んでいけるでしょう。

書評の場合

　最後に、書評の要素と構成です。書評にはほかにも色々なタイプがありますが、よく用いられているパターンを1つ紹介します（図8-3）。

　話の掴みである「リード」から、「本書の内容（あらすじ）」→「注目すべき箇所」→「個人的な感想」→「補足情報（著者情報、価格など）」の順に書かれています。
　書評の場合、あらすじをどの程度まで書いてよいのか悩むことがあると思います。ふだんから、その頃合いを意識して書評を読むようにすると、自分が本の紹介をしたい場合に困らずに書けるようになります。
　また、書評のタイプには、紹介した以外にも、「書籍の内容を引用する」パターンや、型にとらわれない「自由形式」パターンもあります。気になった文章はEvernoteなどのメモアプ

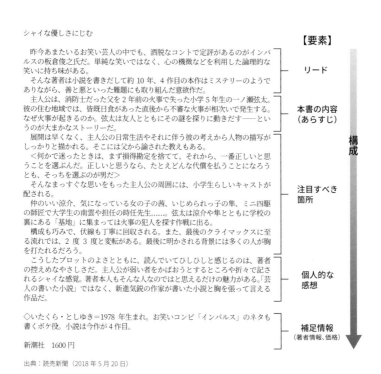

図8-3 書評の要素と構成

リを活用して「見本」としてストックしておくと、いざ書くときに困らないのでおすすめです。

ニュース記事、スポーツ記事、書評と3つの実例をもとに要素と構成を見てきました。自分で実際に書く場合には、文字数などの制限によって、たとえば書評であれば、要素のうち「あらすじ」を膨らませるのか、「注目すべき箇所」を膨らませ

るのかなどを検討しつつ、要素と構成をまねて書いてみてください。

ケース・スタディで学ぶ添削例

　まねることのほかに、チェックシートを使って自己採点をしていくことでも、文章力の向上が期待できます。自分の文章を自分で添削することに最初のうちはとまどうかもしれませんが、何度か繰り返して判定ポイントが頭に入ってくれば、自然と採点できるようになります。

　添削するときは、書いてから1日おくなどして、少し時間をおいてから取り組むのがおすすめです。間をおくことで、自分で書いた文章を客観的に評価しやすくなります。

　では、添削例を見ていきましょう。

Before

タイトル
子育て支援の仕組は本当に解決ができた？
サブタイトル
ワーママの問題解決がされていない

先日、ある雑誌で『ワーママが働きやすい会社』というタイトルでワーママの問題が取り上げられていた。「残業はできない」、「肩身が狭い」、「重要な仕事を担当できない」というワーママに、小1の壁や親の介護など「家庭の問題」がさらにのしかかってくる。

これに対して事例では「仕事が楽しいから続けたい」という人が多いとして、子育てと仕事を両立している例をあげていた。例1では「A社の子育て支援」で「保育ルームの存在」や「短時間勤務」をあげていた。

しかし、これらは大手企業での成功例だ。中小企業ではムリなことばかりで、ワーママの抱えている本当の問題の解決にはならないと思う。

中小企業の場合は職場がそんなに広くない。子連れ出勤

で仕事に集中できるか、子どもが落ち着いて過ごせるように職場内に子どもの居場所と保育士の確保をすることができるかなどの問題のほかに、Ａ社のように保育ルームや保育士を雇うには会社の負担が大きすぎだし、不可能だと思います。

また、育児休暇から職場復帰する際に、フルタイム勤務から時短勤務に変わったとき、こんな自分にどんな仕事ができるのか、どんな業務やポジションに与えられるのかという不安を抱えていました。

私のように不安を抱えているワーママが実は多いはずです。

復帰後の今は、保育園へのお迎えのため、17時に退社しています。しかし、退社後に開催されるチーム会議はやはり気になります。自分がいないとチームに余分な負担をかけたり、早く対応できなかったり、「やっぱり自分は会社から必要とされていない」と感じてしまうから、気持ちが仕事から離れてしまいそうな不安にかられます。

中小企業やベンチャー企業は基本、1人で多くの役割を担っています。短時間勤務は難しいと思います。こうい

った気持ちの対策を考えることが本当の解決につながると思います。

添削例

タイトル
~~子育て支援の仕組みは本当に解決できた？~~
今の子育て支援でワーママ問題は解決されない
サブタイトル
~~ワーママの問題解決がされていない~~
当事者の気持ちによりそう施策が必要

先日、ある雑誌で『ワーママが働きやすい会社』というタイトルで**ワーキングマザー**（以下、ワーママ）の問題が取り上げられていた。「残業はできない」、「肩身が狭い」、「重要な仕事を担当できない」というワーママに、小１の壁や親の介護など**の**「家庭の問題」がさらにのしかかってくる。

これ~~ら~~の問題に対して、掲載事例では「仕事が楽しいから続けたい」という人が多いとして、子育てと仕事を両立している例をあげていた。~~例１では~~**たとえば**、A社の子育て支援として「保育ルームの存在」や「短時間勤務」を~~あげていた~~**紹介している**。

しかし、これらは大手企業での成功例だ。中小企業では

Comment

「気持ちへの施策がなくてできてない」と主張する本文とズレている。

タイトルと同じ内容を表現を変えてつけてしまった。

冒頭には、正式名称を明示する。

単語と単語はきちんとつなぐこと。

前述の段落で複数の問題を挙げているので、「これ」ではなく「これら」に。また、指示代名詞のままだとわかりづらくなるので「これらの問題」に修正。

雑誌で使っていた「例1」を用いると、読み手が混乱するので修正。

「あげていた」が2回続いてしまうので、表現を変更。

ムリなことばかりで、ワーママの抱えている本当の問題の解決にはならないと思う。

まず、中小企業の場合は職場が広くないので、子連れ出勤で仕事に集中できるかは難しいし、子どもが落ち着いて過ごせるような場所と保育士を確保できるかなどの問題のほか、A社のように保育ルームや保育士を雇うには会社の負担が大きすぎ、不可能だ。

◆気持ちによりそうアプローチこそ現実的な支援
そこで、自分なりに現実的な解を考えてみた。中小企業ができる現実的な支援は、ワーママの「気持ち」にアプローチする解決策ではないだろうか？

実際、私自身が育児休暇から職場復帰する際に、フルタイムから時短勤務に変わったとき、自分にどんな仕事ができるのか、どんな業務やポジションを与えられるのかという不安を抱えていた。

復帰後の今は、保育園へのお迎えのために17時に退社しているが、退社後に開催されるチーム

Comment

口語体を削る。

削っても意味が通じるので削る。

「することが」は冗長な表現なので、削れる。

1文が長くなってしまったので、ここで切る。

途中から「ですます」になってしまっていたので、「である」に変更。

このあとから話が変わっていくので、見出し追加。

明確に問題提起する文章を追加。

「てにをは」が間違っていたので、修正。

誤字を発見。

である調に。

帰納法でまとめる形にするため、下に移動。

会議はやはり気になりまする。自分がいないとことでチームに余分な負担をかけたり、早く対応できなかったりすると、「やっぱり自分は会社から必要とされていない」と感じてしまうからい、気持ちが仕事から離れてしまいそうな不安にかられまする。

このように、私のように不安を抱えているワーママが実は多いはずだ。

中小企業やベンチャー企業は基本、１人で多くの役割を担っていまするので、短時間勤務は難しいと思います。ならば、こういった**ワーママが抱える**「気持ち」への対策を考えることが本当の解決につながると思います**のではないだろうか。**

※添削例中の下線は加筆箇所を示す。

Comment

である調に。

である調に。

帰納法でまとめる形にするため、上から移動。

「こういった」だけだと、伝わりづらいので、具体的な言葉として「ワーママが抱える」を追加。

である調にして、問題提起にしたほうが、まとめる感が出る。

After

タイトル
今の子育て支援でワーママ問題は解決されない
サブタイトル
当事者の気持ちによりそう施策が必要

先日、ある雑誌で『ワーママが働きやすい会社』というタイトルでワーキングマザー（以下、ワーママ）の問題が取り上げられていた。「残業はできない」、「肩身が狭い」、「重要な仕事を担当できない」というワーママに、小1の壁や親の介護などの「家庭の問題」がさらにのしかかってくる。

これらの問題に対して、掲載事例では「仕事が楽しいから続けたい」という人が多いとして、子育てと仕事を両立している例をあげていた。たとえば、A社の子育て支援として「保育ルームの存在」や「短時間勤務」を紹介している。

しかし、これらは大手企業での成功例だ。中小企業ではムリなことばかりで、ワーママの抱えている本当の問題の解決にはならないと思う。

まず、中小企業の場合は職場が広くないので、子連れ出勤で仕事に集中できるかは難しいし、子どもが落ち着いて過ごせるような場所と保育士を確保できるかも難しい。A社のように保育ルームや保育士を雇うには会社の負担が大きすぎ、不可能だ。

◆気持ちによりそうアプローチこそ現実的な支援
そこで、自分なりに現実的な解を考えてみた。中小企業ができる現実的な支援は、ワーママの「気持ち」にアプローチする解決策ではないだろうか？

実際、私自身が育児休暇から職場復帰する際に、フルタイムから時短勤務に変わったとき、自分にどんな仕事ができるのか、どんな業務やポジションを与えられるのかという不安を抱えていた。

復帰後の今は、保育園へのお迎えのために17時に退社しているが、退社後に開催されるチーム会議はやはり気になる。自分がいないことでチームに余分な負担をかけたり、早く対応できなかったりすると、「やっぱり自分は会社から必要とされていない」と感じてしまい、気持ちが仕事から離れてしまいそうな不安にかられる。

> このように、私のように不安を抱えているワーママが実は多いはずだ。
>
> 中小企業やベンチャー企業は基本、1人で多くの役割を担っているので、短時間勤務は難しい。ならば、こういったワーママが抱える「気持ち」への対策を考えることが本当の解決につながるのではないだろうか。

レベル1　文章基礎力の添削

評価のつけ方

　まずは、レベル1の判定ポイントから添削していきましょう。判定ポイントは、第3章〜第5章でまとめた編集の文法とおおよそ連動しています。チェック内容がわからなくなったら、本書の例文と照らし合わせながら添削してください。

　紙面の都合上、コメント欄を省略していますが、実際に添削をする際には、コメント欄にできなかった箇所をメモしておくと、見返したときに便利です。

　レベル1では、1〜2箇所のミスまでは△、3箇所以上は×という方針で判定するとよいでしょう。同じ基準で添削しておくと、添削シートをまとめて見返したときに、自分の成長過程がわかります。

表 8-1　レベル 1　文章基礎力 評価

構成要素	評価ポイント	判定ポイント	評価
文法	正しい文法が使われているか	「てにをは」が正しく用いられているか	×
		主語と述語が明確に示されているか	○
		形容詞のあとに「です」を用いる場合、語感に違和感が生じていないか	○
文体	読者層に向けた文体が選択されているか	である調 or ですます調はいずれかに統一されているか	×
	信頼感を損なう文体が使われていないか	「という」「することができる」といった、冗長な表現が多く残っていないか	△
		子どもっぽい表現、口語的すぎる表現、不快感を与える表現は使っていないか	△
表記	正しい表記ルールが用いられているか	「?」「!」のあとに、全角 or 半角スペースを入れているか	―
		句点「。」とカッコ ( )、「」は、正しく表記できているか	○
		表記が揺れていないか	○
		横書きの場合、数字、アルファベットには半角英数字を用いているか。縦書きの場合、数字、アルファベットには漢数字、全角英数字を用いているか	○
		誤字脱字を修正しているか　固有名詞、人名に間違いがないか	×

文法

「てにをは」が正しく用いられているか

> どんな業務やポジション**に**与えられるのかという不安を抱ええていました。

書いてみる、添削してみる！　177

「どんな業務やポジションに」は、「どんな業務やポジションを」とするのが正しいので、「×」としました。

主語と述語が明確に示されているか
　特に問題がないと判断し、○としました。

形容詞のあとに「です」を用いる場合、
語感に違和感が生じていないか

> 私のように不安を抱えているワーママが実は**多いはずです**。

「多いです」とせずに、「多いはずです」にしていたので、○としました。

文体

である調 or ですます調はいずれかに統一されているか
　混ざってしまっていたので、×と判定しました。
　一気に書き終えないで、何度か時間を空けて書いていったときに混ざることが多いようです。ですます調とである調を混ぜて書いてしまうのはあまりないケースなので、1箇所でも混ざっていたら×と私は判定しています。

「という」「することができる」といった、冗長な表現が多く残っていないか

> 子どもが落ち着いて過ごせるように職場内に子どもの居場所と保育士の確保を**することが**できるかなどの問題のほかに、

1箇所、削除しても問題のない「することが」が残っていましたので、△としました。

子どもっぽい表現、口語的すぎる表現、不快感を与える表現は使っていないか

> 中小企業の場合は職場が**そんなに**広くない。

「そんなに」という表現は口語体が強いので、△と判定しました。

表記

「？」「！」のあとに、全角 or 半角スペースを入れているか

今回の文章では、「？」「！」の記号は使われていなかったため、「－」をいれ、該当箇所なしとコメント欄に記入しました。

句点「。」とカッコ()、「」は、正しく表記できているか

正しく表記できていたので、○としました。

表記が揺れていないか

揺れている箇所はなかったので、○としました。

横書きの場合、
数字、アルファベットには半角英数字を用いているか
縦書きの場合、
数字、アルファベットには漢数字、全角英数字を用いているか

きちんと半角英数字を用いていたので、○としました。

誤字脱字を修正しているか。固有名詞、人名に間違いがないか

どんな業務やポジションに与えられるのかという不安を**抱ええていました。**

「抱えていました」と書くべきところを、「抱ええていました」と間違っていたので、×としました。

レベル2　文章表現力の添削

評価のつけ方

レベル2の文章表現力の評価でも、レベル1と同じように1〜2箇所のミスまでは△、3箇所以上は×にする方針で判定するとよいでしょう。

表 8-2　レベル2　文章表現力 評価

構成要素	評価ポイント	判定ポイント	評価
単語	単語の意味が読者に明確に伝わるか	感覚的であいまいな単語、一般的ではない用語は説明を加えて用いているか	―
		文章中に登場する単語が一貫した意味で使われているか	○
文	文の意味が読者に明確に伝わるか	「これ」「それ」「この」などの、指示代名詞を多用していないか	△
		事実と解釈の区別は明確になっているか	○
		過剰な比喩や修飾はないか	○
	文における表現力があるか	1文の長さが80文字前後、長くても120文字前後に収まっているか	△
	読者を共感させる文章表現か	読み手を意識した言葉を用いた文章表現になっているか　相手に刺さる、響く言葉が使われているか	×
段落	段落単位で意味が読者に明確に伝わるか	段落ごとに説明している内容のロジック（論理構造）が通っており、読者に意味が伝わるか	△
		記述している内容に、過不足はないか	△
		段落が長すぎる、短すぎることがなく、適切な長さであるか	○
		段落をつなげるときや段落の中で、接続詞が多用されず、必要最低限となっているか	△
	段落における表現力があるか	声に出して読んだときにリズム感があるか	×
		文末表現が単調になっていないか	×

書いてみる、添削してみる！

単語

**感覚的であいまいな単語、
一般的ではない用語は説明を加えて用いているか**

　特に該当するものはなかったので、「−」として、該当箇所なしとコメント欄に記入しました。

文章中に登場する単語が一貫した意味で使われているか

　単語については、特に問題なかったので、○としました。

##

「これ」「それ」「この」などの指示代名詞を多用していないか

> これに対して事例では「仕事が楽しいから続けたい」という人が多いとして子育てと仕事を両立している例をあげていた。

　第2段落の冒頭にある「これに」は、第1段落で挙げている複数の問題をさしているので「これら」が適切です。また、具体的な言葉を補足して「これらの問題」としたほうが、よりわかりやすくなるので、判定は△としました。

事実と解釈の区別は明確になっているか

　前半で説明していたA社の事例を「事実」として説明した

あと、自分の考え（解釈）を続けて執筆できていたので、○としました。

過剰な比喩や修飾はないか
　特に該当するものはなかったと判断し、○としました。

1文の長さが80文字前後、
長くても120文字前後に収まっているか

> 子連れ出勤で仕事に集中できるか、子どもが落ち着いて過ごせるように職場内に子どもの居場所と保育士の確保をすることができるかなどの問題のほかに、A社のように保育ルームや保育士を雇うには会社の負担が大きすぎだし、不可能だと思います。

　1箇所、上記の1文が長くなっていたので、△としました。

読み手を意識した言葉を用いた文章表現になっているか
相手に刺さる、響く言葉が使われているか
　全体を通して、自分が読者対象として設定した「ワーママの問題を知ってほしい30代以上の男性」の興味を引くような表現がなかったので×にしました。
　ちなみに、リードにおいて、「妻から、『残業はできない』、

『肩身が狭い』、『重要な仕事を担当できない』などの愚痴を聞いたことはないだろうか」とできると、○になります。

段落
段落ごとに説明している内容のロジック（論理構造）が通っており、読者に意味が伝わるか

> 復帰後の今は、保育園へのお迎えのため、17時に退社しています。しかし、退社後に開催されるチーム会議はやはり気になります。自分がいないとチームに余分な負担をかけたり、早く対応できなかったり、「やっぱり自分は会社から必要とされていない」と感じてしまうから、気持ちが仕事から離れてしまいそうな不安にかられます。

自分の経験を並べて「気持ちが仕事から離れてしまいそうな不安にかられる」ことを伝えたかったことがわかりますが、読み返してみて「もっともな感じ」がしなかったので、△と評価しました。

記述している内容に、過不足はないか

> ◆気持ちによりそうアプローチこそ現実的な支援
> そこで、自分なりに現実的な解を考えてみた。中小企業

> ができる現実的な支援は、ワーママの「気持ち」にアプローチする解決策ではないだろうか？

　後半から持論を展開する流れになるので、上記の文章を追加したほうがわかりやすくなります。見出しと問題提起の文章を追加したので△としました。

段落が長すぎる、短すぎることがなく、適切な長さであるか
　段落の長さは特に問題なかったので、○としました。

段落をつなげるときや段落の中で、
接続詞が多用されず、必要最低限となっているか

> **しかし、**これらは大手企業での成功例だ。中小企業ではムリなことばかりで、ワーママの抱えている本当の問題の解決にはならないと思う。
> 復帰後の今は、保育園へのお迎えのため、17時に退社しています。**しかし、**退社後に開催されるチーム会議はやはり気になります。

　接続詞は多くはなかったのですが、「しかし」を2回使ってしまっていたので、△としました。同じ接続詞は表現を変えて使ったほうが、重複感がなくなります。

声に出して読んだときにリズム感があるか

1文が長かったり、である調、ですます調が混ざったりしていて、リズム感が悪かったので、×としました。

文末表現が単調になっていないか

> これに対して事例では「仕事が楽しいから続けたい」という人が多いとして子育てと仕事を両立している例**をあげていた**。例1では「A社の子育て支援」で「保育ルームの存在」や「短時間勤務」**をあげていた。**
> 復帰後の今は、保育園へのお迎えのため、17時に退社しています。しかし、退社後に開催されるチーム会議はやはり気になり**ます**。自分がいないとチームに余分な負担をかけたり、早く対応できなかったり、「やっぱり自分は会社から必要とされていない」と感じてしまうから、気持ちが仕事から離れてしまいそうな不安にかられ**ます**。中小企業やベンチャー企業は基本、1人で多くの役割を担ってい**ます**。短時間勤務は難しい**と思います**。こういった気持ちの対策を考えることが本当の解決につながる**と思います。**

連続して、同じ表現を使っている箇所が多くあったので×としました。

レベル3　文章構成力の添削

評価のつけ方

　レベル3の文章構成力の評価では、1箇所のミスまでは△、2箇所以上は×にするという方針で判定するとよいでしょう。レベル1と2に比べて厳しいのは、1つのミスが全体に与える影響が大きいからです。

表 8-3　レベル3　文章構成力　評価

構成要素	評価ポイント	判定ポイント	評価
タイトル	文章の本質をとらえたタイトルがついているか	文章の目的が達成されているか	×
		タイトルと本文内容にズレがないか	△
		読者の興味を引く、適切なタイトルはついているか	×
見出し	文章全体の構成を考慮した見出しがついているか	読者が、最後まで飽きずに読み切るためのステップとなる、適切な見出しがついているか	×
		見出しの内容と本文の内容にズレはないか	―
全体構成	文章全体の主張が明確な全体構成になっているか	記述されている主張(テーマ)を、迷いなく読み取ることができるか	△
		文章全体のロジック(論理構造)が通っており、読者に意味が伝わるか	×
	読者を共感させる全体構成か	読者が興味を持って最後まで読み切れる構成・流れになっているか	×

タイトル

文章の目的が達成されているか

　文章の論理構造ができていない点や、記述している内容も不足していたために読みづらさがあり、「自分の持論について伝える」という目的は達成できていなかったので、×としました。

タイトルと本文内容にズレがないか

「子育て支援の仕組は本当に解決ができた？」というタイトルをつけており、「気持ちへの施策がなくてできていない」と主張する本文を記述しているため、ズレはないと考えられます。しかし、ズレなかったのは抽象度が高いタイトルだったので、△としました。

読者の興味を引く、適切なタイトルはついているか

　タイトルの抽象度が高いと、読者の興味を引くタイトルにはなりづらくなります。Beforeのタイトルは抽象度が高く、さらにタイトルとサブタイトルで同じ内容を異なる表現で伝えていただけなので、適切ではないと判断し×としました。

　Afterで示した「タイトル：今の子育て支援でワーママ問題は解決されない」「サブタイトル：当事者の気持ちによりそう施策が必要」であれば、具体的なタイトルであり、かつタイトルとサブタイトルで異なる内容を伝えてもいます。

見出し

読者が、最後まで飽きずに読み切るためのステップとなる、適切な見出しがついているか

　前半で説明したＡ社の事例を受けて持論を展開する流れになっており、持論を展開するところで、見出しをつけると読みやすくなったので、×としました。

見出しの内容と本文の内容にズレはないか

　見出しが設けられていなかったため、「－」とし、該当箇所なしとコメント欄に記入しました。

全体構成

記述されている主張（テーマ）を、迷いなく読み取ることができるか

　自身が主張したいこととして、以下の文を記述し、

> しかし、これらは大手企業での成功例だ。中小企業ではムリなことばかりで、ワーママの抱えている本当の問題の解決にはならないと思う。

　その後、理由を並べてはいるのですが、論理構造ができていなかったために、読み手に意味が伝わりづらかったので、△としました。

文章全体のロジック（論理構造）が通っており、読者に意味が伝わるか

上記の「主張（テーマ）を迷いなく読み取ることができるか」という判定ポイントとも連動します。ここでは論理構造のみ評価します。

Before

また、育児休暇から職場復帰する際に、フルタイム勤務から時短勤務に変わったとき、こんな自分にどんな仕事ができるのか、どんな業務やポジションに与えられるのかという不安を抱えていました。

私のように不安を抱えているワーママが実は多いはずです。

復帰後の今は、保育園へのお迎えのため、17時に退社しています。しかし、退社後に開催されるチーム会議はやはり気になります。自分がいないとチームに余分な負担をかけたり、早く対応できなかったり、「やっぱり自分は会社から必要とされていない」と感じてしまうから、気持ちが仕事から離れてしまいそうな不安にかられます。

After

> 実際、私自身が育児休暇から職場復帰する際に、フルタイムから時短勤務に変わったとき、自分にどんな仕事ができるのか、どんな業務やポジションを与えられるのかという不安を抱えていた。
> 復帰後の今は、保育園へのお迎えのために17時に退社しているが、退社後に開催されるチーム会議はやはり気になる。自分がいないことでチームに余分な負担をかけたり、早く対応できなかったりすると、「やっぱり自分は会社から必要とされていない」と感じてしまい、気持ちが仕事から離れてしまいそうな不安にかられる。
> **このように、私のように不安を抱えているワーママが実は多いはずだ。**

「私のように不安を抱えているワーママが実は多いはずです」の1文をあとにもってくると、複数の具体的な事実から結論を導き出す帰納的な論理展開となり、納得感が改善されます。

　また、レベル2の段落単位での評価とも連動しますが、段落単位での読みづらさも加味して、最終的に×と判定しました。

読者が興味をもって最後まで読み切れる
構成・流れになっているか

　最初から最後まで読み切るのが難しい文章の流れだったので、×としました。

　紙上添削として、レベル1～レベル3までの判定ポイントの解説は以上となります。チェックシートを用いて、具体的に添削するイメージをもってもらえるよう心がけて解説してみたのですが、いかがでしたでしょうか。

　項目数が多いため、最初は時間がかかりますが、2週間に1本でよいので文章を書いてみて自分で添削し、どこができなかったかの振り返りをしてみてもらえればと思います。

　次章では、編集の文法として体系化するのは難しいのですが、編集執筆力の最後のスキルとなる「メディアマインド」について解説したいと思います。

第9章

書き手に求められるメディアマインドとは？

Webによる情報発信が当たり前になった中で、個人的に強く感じているのは、メディアマインドと定義した「情報を発信するメディア人としてもつべき心のあり方」の周知が足りていないということです。そこで、本章では、メディアマインドについて説明していきたいと思います。

「正しい」文章を書くのがメディアの役割

みなさんは、2016年11月〜12月に起きたWebメディアをめぐる一連の騒動をご存じでしょうか？ 株式会社ディー・エヌ・エー（以下、DeNA）が運営していた医療系メディア「WELQ」の掲載内容について「不正確ではないか」という指摘が相次いだことで、WELQをはじめ、DeNAが運営していた合計9つのWebメディアが非公開となった騒動（以下、WELQ事件）です。

この騒動はメディア業界に激震を与えました。たとえば「肩こりがひどいのは病気が原因？気になる怖い病気とセルフ対処法」と題する記事を公開し、「幽霊が原因のことも？」という明らかに非科学的な内容も掲載されていました。なぜこのような事態を招いたのかが注目され、すぐに第三者委員会が立ち上がり原因について調査を実施し、DeNAは翌年3月13日に、

委員会から提出された報告書[1]を公開しました。

　メディアに携わるものとして、この報告書を確認しようと、有志によって開催された報告書を読み解く勉強会に参加したときのことです。まだ若い、おそらく20代前半の男性から、「(他のサイトの文章を) コピーして文章を書いてはいけないことを知らなかったから、今日は学びに来た」という参加理由を聞き、メモをしていた手が止まりました。私の常識が「常識ではない」世界があるという体験をしたのです。

　聞けば、企業のWeb作成を請け負っているが、サービス紹介などを書いたり、メルマガを書いたりするときには、競合企業のサービス紹介などの文章を「コピーライティング(少し文末を変えて、コピーして書く)」して、書いていたと言います。会社の方針として丸写しはNGだけれど、文末を変化させて写す分には問題ないと考えていたそうです。改めて言うまでもないのですが、これは著作権侵害に当たります。

　ちなみに「コピーライティング」とは、商品を売るためのキャッチコピーを考える意味で使われるのが一般的です。「コピーして書く」という直訳の意味で用いられ、それがまかり通っていたことにも驚きました。

---

[1] http://v3.eir-parts.net/EIRNavi/DocumentNavigator/ENavigatorBody.aspx?cat=tdnet&sid=1450400&code=2432&ln=ja&disp=simple

メディアは情報発信の担い手として、「正しい」情報発信をしないといけません。メディアに関わってきた私にとっては、それが当たり前なのですが、初めてメディアの担い手となる人にとっては「当たり前ではない」。そのことを目の当たりにしたできごとでした。

　しかし、順を追って考えてみると、私が「正しい」情報発信するのがメディアの役割であることを学んだのは、出版業界に入ってからです。現場の仕事を通じて学んだ知識を、メディア業界の経験がない状態で、初めてWebメディアを立ち上げる人に求めるのもおかしな話です。

　私は、この件をきっかけに、正しい情報発信について周知していく必要があると強く感じるようになりました。

「正しい」の定義とは？

　では、何をもって「正しい」と言えるのでしょうか。
「正しい」という言葉は、この言葉を受け取る人によって色々な解釈が可能です。そこで、私はメディアとして望まれている「正しい」について整理し、以下の4つの要素をすべて満たすものを「正しい」と定義しました。

Sincerity　　…　誠実、正直、偽りのないこと

Accuracy	…	正確さ、間違いのないこと
Credibility	…	信頼できる文章で書かれていること
Readability	…	読みやすい文章で書かれていること

　まず1つめが、「誠実さ」を意味するSincerity（シンシアリティ）です。「正直、偽りがないこと」であり、嘘をつかない心のあり方を指します。嘘をつかないことは人としても重要ですが、情報発信をする際の大前提です。

　2つめが、Accuracy（アキュラシー）。これは「正確さ」です。人間は、どんなに気をつけても人為的なミスをしてしまうことがあります。しかし、ミスを減らす地道な努力が大切です。
　電話番号の例がわかりやすいでしょう。もしも、数字の「7」を「1」と記載ミスしてしまったらクレームになります。紙面に掲載するときに確認をおこたってはなりません。私が出版社で働いていた頃、電話番号の確認は、新人によく振られる仕事の筆頭でした。掲載予定の電話番号のリストを渡され、1件、1件実際に電話をかけて確認するのです。その地道な作業には、ていねいさと正確さが求められました。

　3つめの「正しい」は、Credibility（クレディビリティ）です。これは「信頼性」という意味になります。クレディビリティで示す信頼度は、文章を読んだときに読者が感じ取る信頼度

です。

 ニュース記事だと思って読んでいるのに、ニュース記事の「要素と構成」から外れた文章が続いていると、読者はそれを違和感としてとらえ、文章に対する信頼度が下がるでしょう。

 4つめが Readability（リーダビリティ）で、これは「可読性」、つまり読みやすさです。

 リーダビリティに必要な要素は大きく3つあります。「てにをは」をはじめとする国語の文法の知識と、論理構成、そして、読者の視点をもち、読者の思考の流れを考えているかです。

メディアマインドとは心のあり方

 メディアマインドは、「正しい」を構成する4つの要素のうち、シンシアリティ（誠実さ）、アキュラシー（正確さ）と深い関係があります。ちなみに、文章基礎力、文章表現力、文章構成力という編集執筆力の他の3つは、クレディビリティ（信頼性）とリーダビリティ（可読性）の2つを達成するのに必要なスキルです。

 編集の文法チェックシートを使うと、信頼性と可読性を上げることができます。研鑽を積めば「読みやすく、信頼される文章」を書けるようになるでしょう。その一方で、誠実と正確

さへの意識がないと、メディアとして「正しい」情報発信はできません。

　もし、「読みやすく、信頼される文章」で「嘘」が書かれていたとしたら、どうなるでしょうか。こんな状態はあまり考えたくないのですが、嘘の情報を信じる人が増え、社会の混乱を生むことになるかもしれません。

　そのため、4つすべての要素がそろって「正しい」が実現されると定義しました。正しさの要は「メディア人としてもつべき心のあり方」（＝メディアマインド）です。誠実さと正確さなしに、正しい情報発信はできません。

メディアマインドを身につけるために

　メディアマインドを身につけるためには、どのような方針と体制のもとで、実際のメディアが情報発信しているかを知るのがいちばんです。そこで、新聞記者から転身してWebの編集長となったハフポスト日本版の竹下隆一郎編集長と、BuzzFeed Japanの古田大輔編集長にお話をうかがうことにしました。

　竹下さん、古田さんのお2人は、どのように「正しさ」をとらえて編集部を運営しているのでしょうか。

ハフポスト日本版

運営会社：ザ・ハフィントン・ポスト・ジャパン株式会社

サービス開始：2013年

編集部員数：十数人

編集長：竹下隆一郎

「正しさ」は当たり前の概念。
それよりも大事な「透明性」を追究

　2013年に設立されたザ・ハフィントン・ポスト・ジャパン株式会社は現在、編集長の竹下隆一郎氏を中心として、日々、読者の今のニーズを反映したコンテンツづくりをして、注目を集めているWebメディアです。

　2018年には「アタラシイ時間」をテーマに、六本木のカフェ「ブルーボトルコーヒー」の来店客にハフポストがコーヒーをおごる、というユニークなイベントを行うなど、従来のWebメディアとは違った切り口で読者との交流の場を展開しています。

　常に新しさを追う最先端の編集部では、どのような編集体制

のもと、コンテンツの正しさを追究しているのかうかがいました。

「正しさ」よりも大事な「透明性」を追究する

　竹下氏に「正しさ」（メディアマインド）についていつ頃から意識していたかをうかがってみたところ、その出会いは小学校までさかのぼるという、意外な回答が返ってきました。幼少期を米国で過ごした竹下氏は、小学校の授業で文献の使い方や引用のルールをすでに教わっていたと言います。

「なので、帰国後の日本の作文教育は、どうしようもないと思いました（笑）。そもそも作文の原稿用紙って、作家などが文字数をカウントするために使うものであり、それをふつうの小学生が使っているのはおかしいですよね。教わる内容も原稿用紙で句読点だけが行頭にくる場合は改行しないでマス目に文字といっしょに書くとか、使い方のルールを教えるだけです。日本だとマインドの部分に関わるところを全然、教えない」

――たしかに、学校教育において、マインドに当たる部分は扱われていないと私自身も感じているところです。ではその後、朝日新聞の記者時代を経て、今、ハフポスト編集長としてメディアとしての「正しさ」をどう考え、どう実践しているのでしょうか？

「『正しさ』は、もっとも大事です。ですが、究極的にはわからないものだということを忘れてはいけません。当社はニュースを扱っているので、今日正しくても明日は間違っているということもあるかもしれない。歴史が正しさを証明するニュースもあります」

　竹下氏は「正しさ」は当たり前のことと話しつつ、その一方で「正しさ」のもつ難しさを指摘します。続けて、「正しさ」と同じくらい大切にしている概念として、次の2点を説明してくれました。

　①透明性
　②クロスチェック

「透明性」は対読者に向けて外向けに大切にしているもので、「クロスチェック」は内部に向けて大切にしているものです。

　まず、透明性の確保のため、同社の原稿は「記事のこの情報はこのように調べました」と明示し、あとから記事に間違いがあった場合は上書きをせずに、どう訂正したか追記する形を取っています。
　透明性の一例として、竹下氏は、大坂なおみ選手の全米オープン優勝後の会見で、同社の記者が「日本人とは何か？」と質

問して大炎上したあとに公開した「大坂なおみ選手の記者会見で、私が本当に聞きたかったこと」という記事を挙げました[1]。

「この原稿で大坂選手に当社の記者がした質問は正しいのだ、と言うつもりはありません。テニス選手の会見ではテニスの質問だけをすべきだという意見も、失礼な質問をするなという意見もあります。ただ、こういった理由で、大坂選手にあの質問をしたんです、読書の意見を聞かせてください、という記事を書きました。当社において、正しさも透明性も大事だというのは、このような意味です」

この大坂選手の事例において同社記者がした質問が「正しいかどうか」は、事実ではなく意見の領域となり、おそらく判断は人によって割れる領域です。正しさの難しさを示す実例だと感じました。

みなさんも、ぜひこの記事を読んでみてください。記者会見で大坂選手に質問をした経緯と意図が「透明性」にもとづき詳しく説明されており、単に「日本人について」聞きたかったわけではないことが理解できるでしょう。

ある意見が「正しいか」の判断は究極的に難しい。だからこそ「なぜこのようなことをしたのか」というプロセスをきちん

---

[1] 「大坂なおみ選手の記者会見で、私が本当に聞きたかったこと」
https://www.huffingtonpost.jp/rio-hamada/naomi-osaka-press-conference_a_23529953/

と読者に公開する「透明性の確保」を、ハフポストは徹底しているのです。

──では、内部に向けた「クロスチェック」とはどのような仕組みなのでしょうか？

「クロスチェックにおいて確認しているのは数字や事実の確認と、引用元を示しているかなどですね。編集部内で書いた記事でも、外部のライターさんにお願いした記事でも同じです。当社はSlackというツールを用いて編集しており、誰がどう直したかが全部わかります。それをチェックするのが僕の仕事です」

同社では公開したあとの記事に対し、読者から間違っていると指摘がきたら、編集部が使っている端末のボタンが光るようにしており、その都度対応しています。しかし、ある政治家の意見が、その読者にとっては間違っている」といった指摘は、事実の誤りではなく「意見」であるため場合によっては対応しないと言います。

先ほどの大坂選手への質問も同様ですが、編集の文法15で取り上げた「事実」か「解釈（意見）」かの切り分けは、情報発信者がもつべき重要な視点だと言えるでしょう。

紙よりWebのほうが読者の信頼を勝ち取れる

2016年に起きたWELQ事件において、同じくWeb媒体であるハフポストの信頼度に影響はあったのかをうかがってみたところ、竹下氏は「むしろいい結果につながった」と話してくれました。

「WELQ事件でGoogleからフェイク情報が排除され始めたと思われるので、当社の記事がより検索結果の上位に表示されるようになった可能性があります。あのような事件やフェイクニュースをきっかけに、GoogleやFacebookがそういった記事を表示しないよう、掲載順のプログラミングを変えているのだと思われます。読者側にも『ちゃんとしたニュース』とそうではないニュースがある、という意識が高まったと思います」

――では、もともと朝日新聞社で記者をしていた竹下氏は紙媒体とWeb媒体の違いをどうとらえているのでしょうか？

竹下氏はWebの利点として「読者のデータを詳細に得られること」を挙げます。

「Webならこの記事はGoogle、Facebook、Twitterなど、どこから読者が多くきたのか、何分かけて読まれたのかもわかるので、Webのほうが読者と一対一での関係を結びやすいですね。

対して紙は、書いたら終わりです。誰が読んでいるのかわからない。部数は出るかもしれないけれど、数字でしかなく、その人が最初から最後まで読んだのかもわからない。読者の顔が見えないんですよね」

「読者の顔が見えない」例として竹下氏が挙げたのが『新潮45』の休刊です[2]。

「ああいったことは絶対当社では書かない。書かないのは、当社がリベラルだからということもありますが、こんなことを書いたら読者が不快に思うとリアルに想像できるからです。でも、『新潮45』は自分たちの閉じこもった編集部の中にいて、『書いたら終わり』の発想でいたというのも、あのような事態になった要因ではないかと思います。今後は、Web的なマーケティングや、読者とコミュニケーションを取って気を使える媒体が、紙でもWebでももっと目立ってくるでしょうね」

また、紙メディアとWebメディアの違いとして、紙は1回印字されたら取り返しのつかない緊張感があるが、それゆえに

---

2 『新潮45』は1985年創刊の新潮社の月刊誌で、同誌は2018年8月号に自民党の杉田水脈(すぎたみお)衆議院議員による寄稿「「LGBT」支援の度が過ぎる」を掲載。同性カップルは子どもを作れないから生産性がないという杉田氏の主張には多くの批判が集まった。さらに10月号には企画「そんなにおかしいか「杉田水脈」論文」を掲載。反発は書店や新潮社の執筆作家にも広がり、同誌は9月25日に休刊を発表した。

守りに入ってしまう傾向もあると言います。

「新聞では先組みといって、1週間後に出る記事を書くこともあるんです。当然1週間後に、何が起こるかはわからないので、『など』や『検討している』という言葉を使い、表現をゆるめてしまう。ただ表現をゆるめると共感度が落ちてしまいます。『何かよそよそしくて、間違いたくないと自分を守っている人だ』と読者に伝わってしまう。その点、Webはよりエッジが効いた文章を書けるというのはありますね」

　紙とWebメディアの違いについてまとめると、Webは紙よりも読者のデータを詳細に得られ「読者の顔が見える」媒体であること、反響や反応をダイレクトに把握できるメディアであること、速報性は紙をはるかにしのぐためエッジの効いた「言い切れる、歯切れのいい」表現ができる点などが挙げられます。

「こういった構造から、原理的には今後、紙よりWebメディアに読者の信頼度は移っていくはずです。今はその過渡期ですね」

オールドメディアの暗黙知をオープン化する

―― Webメディアには利点があることがわかりましたが、一方で、紙メディアならではの利点もあると思います。新聞記者時代に学んだことで、Webの編集を行うにあたって活かされているものは何でしょうか？

「暗黙知ですね。たとえば選挙報道にも、候補者の順番などのルールがあります。あとは、まったく知らないジャンルであっても、（記載されていることの）確からしさがわかるというのは、やはり身についたスキルですね」

竹下氏は「確からしさ」の例として「ブラックスワン問題」を挙げます。

「『黒い白鳥はいない』と言っても、もし1羽でもいたらくつがえされてしまいます。だから『断言する』とか『1つしかない』という表現があったら間違っている可能性があるなと（感覚でとらえます）」

私も出版社で働いていた頃、新しい事実を扱う際は、ほかに最低でも1人は同じことを言っていないと採用しませんでした。こういった、現場で身についたプロの肌感覚は暗黙知ゆえ

に、普及が進んでいないのが現状です。しかし今や、個人ブロガーなど、誰でも情報発信が手軽にできるようになっています。「暗黙知」をもたないまま多くの情報が発信され、それが嘘の情報の拡散といった問題も引き起こしかねないことに対して、竹下氏は「オールドメディア側が暗黙知を公開すればいい」と提起します。

「出版社やメディアがノウハウをオープン化すればいいんですよね。記者が先輩から暗黙知として引き継いだところにマネタイズの価値があるので、それをどんどんオープン化して、仕事にしてしまえばいいと思います」

　実際、同社は「暗黙知の継承」の機会を設けており、N高等学校[3]の学生に向けて記事の書き方講座を開講しました。
　竹下氏がまず高校生に教えたのは「自分でアンケートをするか、インタビューするなど、ファーストハンドで自分が情報をつくる」こと。アンケートかインタビューであれば、絶対に一次情報になるため、剽窃（他人の文言を盗むこと）がなくなるからです。

「たとえばある高校生は、『夫婦は相手のどこを重視して選ん

---

3 沖縄県の通信制高校。学校法人角川ドワンゴ学園が運営。

でいるのか?』といった記事を書きたいと話していて、本人には『顔で選んではいないのではないか?』という仮説もあった。なので、本当かどうか調べてごらんと。その高校生は70人ぐらいの夫婦からアンケートを取り、それを記事にしたんです」

ネットから情報を「取ってくる」ことに慣れた高校生にはハードルが高いとも思える課題でしたが、ネットから取ってきたものではなく、足を動かした「オリジナルの情報」にもとづいた、独自の記事ができたと言います。

さらに、より具体的な「文章の書き方」については、「文章は『つれづれなるままに』書くものだと思っている人が多いのですが、もっと構造で書けばいいんです」とも説明します。

「文章は、①問題提起、②問題の具体例を提示、③展開、④解決策の提示の構造です。『これなら誰でも書けるよ』と高校生にも教えました。あえて言いますが、文章って設計可能な工業製品みたいなものなんです。それを認識していない人が多いんですよね。カンや感覚に頼るのではなく、文章をもっと分析するべきです」

第8章で「要素と構成」をまねることについて説明しましたが、竹下氏も同じように型で文章を書くことを推奨していま

した。守るべきルールは何なのかをふまえたうえで、型で書くのが文章なのです。

文字を読むのが面倒臭くなる時代がやってくる
〜ポストテキストの取り組み

　最後に、今後ハフポストのめざす情報発信の姿についてうかがってみたところ、竹下氏は「ポストテキスト（テキストの『次』）」を挙げました。

「もう文字を読むのが面倒臭くなると思うんですよね。長いスパンでみると人間の情報共有方法もそちらにいくと思っています。動画であったり、Google Home からニュースが流れてくるとか、グラフィックレコード[4]とか、もっと文字以外の発信方法を増やしたいですし、必ずそうなると思います」

　ただ、メディアの多様化は昔からあるものだと補足します。新聞、雑誌、新書、テレビ、ラジオと、さまざまな形態をもつメディア・コングロマリットの形を従来から取っていると説明したうえで、「それぞれが連携していない」という問題点を指摘しました。

4　会議やイベントなどの記録を絵や図のグラフィックで記録すること。

「僕は朝日新聞に勤務していた頃から『記事を書いたあとに、それをそのままラジオに出して、それを雑誌にして、本にすればいい』と思っていましたが、実現できませんでした。それぞれで部署が違うし、そもそもそういう発想じゃない。記事を出したら終わりですから。ですが、今はテクノロジーが追いついてきて、大企業じゃなくてもメディア・コングロマリットができるようになりましたから、可能性を感じますね」

今は一部のラジオでは、ユーザーの性格をアプリが記憶して「こちらを早く聞いたほうがいい、この番組はもう聞いたから飛ばそう」と放送の順番をユーザーに合わせカスタマイズしてくれるようになっていると言います。

「これからは絶対にそういう時代になり、Spotify[5]みたいになると思うんです。アプリをもっていてログインすれば、いちばん自分が聞きたい情報が入ってくる時代になるでしょうから、そのときにハフポストとしてコンテンツを出しておけるようにしたいですね」

5　スウェーデンのSpotify社が提供している音楽ストリーミングサービス。無料で利用でき、アーティストへの印税は広告収入により賄われる。ユーザーの利用動向から好みの曲、アーティストを提案。

BuzzFeed Japan

運営会社：BuzzFeed Japan
　　　　　株式会社

サービス開始：2016年

編集部員数：約40名

創刊編集長：古田大輔

メディアは「食堂」である

　扱うテーマは政治や時事問題も含む世界のニュースから、かわいい動物の画像、ダイソーで買うべきアイテムまでと、硬軟多彩な記事を扱うWebメディア、BuzzFeed Japan。

　幅広いジャンルの中には、WELQ事件のあとに立ち上げた医療情報を扱うBuzzFeed Japan Medicalもあります。以前から硬軟含めてどのような編集方針を敷いているのか興味をもっていたWebメディアです。今回、またとない機会と思い、創刊編集長の古田大輔氏に、どのような編集体制のもとで、コンテンツの正しさを追究しているのかうかがいました。

お前が質問するんじゃない、
数百万もの読者の代わりに質問するのだ

　朝日新聞を経てBuzzFeed Japan（以下、バズフィード）の創刊編集長となった古田氏。さっそく、メディアマインドについてうかがってみたところ、新聞社時代に先輩記者から教えられたという、2つの貴重な言葉を教えてくれました。

　①「（質問をする際の心構えとして）お前が質問しているのではなく、お前の背後にいる何百万、何千万もの読者の代わりにお前は質問をするんだ。だからお前が『これはちょっと聞きにくい』とかそういうのは関係ないんだ」

　②「記者っていうのは職業ではなく生き方なんだから、24時間365日、自分は記者だと認識しろ」

　古田氏は2つの言葉を次のように振り返ります。

「①はその通りだと思います。②はやや前近代的でブラック企業がかってもいますが、今も自分のマインドセットとしてありますね」

　2番めの「記者は職業ではなく生き方」——。この言葉からは、嘘や不誠実を許さない毅然とした姿勢を感じることができ

ます。しかし、現在のWebにおける情報発信において、ここまでのスタンスをもつ人は多くありません。

——古田氏はWebの現状とメディアにおける正しさをどう考えているのでしょうか？

「問題意識としては僕も同じものをもっています。正しさや誠実さって、そもそも『嘘はダメだ』と幼稚園でも教わる当たり前すぎる話ですよね。ですが一方で、あまりにも当たり前すぎて会話にすらのぼらなかったこと、たとえば（記事を書くにあたって）コピペも、嘘をつくのも、脚色も、コメントを捏造したり匿名だからといって改変したりすることもダメだという、今まで僕たちが当然のようにやってきたことに、あまり意識がないまま情報を発信する人が多いことにはびっくりしています」

ハフポストの竹下氏とも共通しますが、古田氏も「正しさ」は、当然のものだと言います。また、意識がないまま情報を発信する人が多いことに驚いている点は、第8章で私が紹介したエピソードとも重なります。

今後いかにして、情報発信についての意識改革を進めるのかが大切だと改めて感じました。

エディターズシステムと編集倫理ガイドライン

――では、バズフィードにおいて原稿の「正しさ」をどう定義しているのでしょうか。

「正しさをひと言で言うのは難しいんですが、大前提となるのは『間違わないこと』ですよね。誤字脱字も含め、データ1つひとつが間違っていないか。また、データは当たっていても論理構成が間違っていれば変な文章になってしまいます」

同社では、間違いを掲載前に防ぐ仕組みが構築されています。ライターが書いた原稿は、必ず中堅の経験ある編集者がチェックをしてから掲載されるエディターズシステムを導入しており、さらに、米国のバズフィードが作成した「編集倫理ガイドライン」があり、日本語訳を社員全員が熟読していると言います。

編集倫理ガイドラインに書かれていることは「アメリカのジャーナリズム教育では必ず教わる基礎的なことだ」と古田氏は補足します。その一例として「匿名情報を扱う際は、その人が実在の人物であることを指し示すように書くこと」や「匿名情報に頼る場合は1人ではなく必ず複数に当たること」などがあり、日々のコンテンツづくりの際には「この情報の確認はどうやって取ったか？」など指摘、指導を繰り返し、徹底しているそうです。

また、バズフィードは記事の外注はあまり行わず、ほぼ社内でコンテンツをつくっていると説明してくれました。

「ごく一部外注しているのは、WELQ事件をきっかけに当社で立ち上げたメディカルチームによる原稿です。こちらは医師や患者団体の方など有識者で、かつメディカルチームとしっかりとした信頼関係を築いている方のみに執筆をお願いしています」

　WELQ事件において大きく問題視されながらも、今も、多くのクラウドソーシングで安価なライティングの外注が続いています。しかし、バズフィードでは社内によるコンテンツ作成を基本とし、一部外注する際にも、細心の注意を払っているのです。

情報は「工場で作る工業製品」ではなく「食堂で出す食事」

　古田氏はWELQ事件のあと、「メディアとは人の精神的、知的な健康を養う情報を提供する食堂のようなものだ」という趣旨の記事をバズフィードに公開しています[6]。

---

6 「DeNA問題で問うべきは『ネットの信頼性』じゃない　現代のメディアのあり方だ」
https://www.buzzfeed.com/jp/daisukefuruta/curation-internet-and-media

「食堂で『うちはすごい安くて味はそこそこだけど、メニューは豊富にそろっています。ただし、材料は盗んだもので、2割の確率で食中毒を起こします』って、ありえないじゃないですか（笑）。盗んだものでつくるのも、2割の確率で食中毒を起こすのもダメですよね。メディアとはそういうものだと僕は思っています。

でも、少なくないWebメディア運営者は、食堂ではなく工業製品をつくる工場のような考え方をしてしまうんですよね。100％不良品なしにするのは大変だと。98％までならいけるけれども、残りの2％もクリアするのは非常に難しい。それなら98％でいいじゃないか、2％はあとから回収すればと、経済合理性で考えてしまうんです。

でも、そうではない。どこの食堂も100％食中毒を起こさないようにしているでしょうと。同じ考え方をメディアももたないといけません。情報発信とはそういうものだと僕はそのときに書きました。みな同じ感覚をもっていてほしいですね」

――まさしく同感です。では、WELQ事件から2年経った今、紙媒体とWeb媒体の信頼度の違いについてはどう考えているのでしょうか？

「一般的には、Webよりも新聞などの紙媒体のほうが信頼されているというのは、世論調査なり客観的なデータとして出てい

ますよね。ただ、そういった調査やアンケートで聞くのとは別の意味での信頼度で見た場合、それは単に『紙かWebか』という違いではなく、媒体ごとの違いだと思います。その媒体がどのように運営されているのかによって信頼できるかはまったく違いますよね。だから信頼できるWebメディアも紙メディアもありますし、その逆も言えます」

つまり、「紙vs.Web」の二項対立ではなく、問われているのは、「それぞれのメディアとしての姿勢」なのです。

世の中にポジティブなインパクトをもたらしていこう

──バズフィードでは、会社のミッションとして「世の中にポジティブなインパクトをもたらしていこう」と掲げています。これはどういった意味でしょうか？

「当社が記事として扱う範囲はニュースからエンターテインメントまで幅広いですが、すべて『ポジティブなインパクト』という共通項があります。たとえば真実を明らかにするニュースも、よくわからない難しい事象をわかりやすく解説することも、笑えるコンテンツも、生活の役に立つ新商品の情報も、犬や猫がかわいいのも、すべてポジティブなインパクトですよね。ただ、当社はフィクションを売りにしているわけではないので、

どの記事でも嘘をつかない、ユーザーを裏切らないということは大切にしています」

　以前から、たとえば「ワンコが『ねぇねぇ！』って話しかけてくるからかまってあげて！」や「#オタクかヤンキーかバレる究極の診断」など、タイトルからしてカジュアルなエンタメコンテンツも豊富だと感じていましたが、「ポジティブなインパクト」という編集方針で方向性がブレないようにしていることがわかり、編集方針を掲げることの大切さを感じました。その一方で、「おちゃらけたメディア」として見られてしまう危険性もあるのではないかと思い、疑問を投げかけてみました。

「すごく難しいところですね。ユーザーから見たら、バズフィードは何千何万とあるメディアの1つにしかすぎません。その1人ひとりに、バズフィードは信頼できるメディアだと思わせることは、無茶苦茶、難易度が高い。特に真面目な人であればあるほど、おちゃらけたものをやるなんて、ふざけたメディアに違いないと予断が入ってしまう。それを乗り越えて、信頼感をもってもらうことは課題でもあります」

　ちなみに米国のバズフィードでも同様の問題を抱えており、ニュースのブランドをまず確立しようと「バズフィードニュース」というサイトを、バズフィード本体から切り離したと言い

ます。実際にその場で見せてもらいましたが、米バズフィードニュースのサイトデザインは、ニューヨーク・タイムズを思わせるようなシックなものであり「信頼感」を重視したつくりであることがわかりました。

――日本のバズフィードもニュースのような堅い記事と、エンターテインメントといった軟らかい記事を分離するのでしょうか？

「分離することが一概に正しいとも思っていません。ニュースからエンターテインメントまで取り上げていることはバズフィードのよさでもあるんですよね。堅いものから軟らかいものまで取り上げていれば、協力して色々な手法が使えますから」

その手法の事例として、LGBTをテーマとした記事があると続けます。

「バズフィードではLGBT、セクシャルマイノリティをテーマとした発信を続けていますが、ニュースっぽく記事を出すばかりでは、最初からLGBTをテーマとした記事に関心のある人しか読んでくれません。でも、そこにエンターテインメントの手法を用いれば、それまで関心を持っていなかった、潜在的な層にも届けることができます」

――「世の中にポジティブなインパクトをもたらしていこう」以外にも、「Reporting To You」という米国のバズフィードがつくった標語もあります。違いは何でしょうか？

「Reporting To Youとは読者に関心のあることをバズフィードはリポートしますと示した言葉であり、かつ、リポートしてほしいことのある読者は僕らに教えとほしいという意思表明でもあります」

つまり、バズフィードが取り上げるべき題材は「バズフィードが取り上げたいこと」ではなく、「読者が関心のあること」なのです。

編集執筆力では「読者の視点をもつこと」を前提としていますが、読者を軸とするコンテンツづくりを会社として表明している姿勢に強く共感しました。

嘘をつく人は絶対いる —— ジャーナリズムの役割とは？

同社の細部まで考え抜き、かつ日々の業務にまで落とし込んだ徹底した取り組みについて話をうかがってきました。しかし、一方で個人もメディア化する今、そういったことへの意識がない、もしくは薄いまま情報を発信している人も残念ながら少なくありません。

「嘘をつく人は絶対いるんですよね。『ニュースの天才』という米国の映画がありますが、超有名メディアの若手記者がいい記事を連発するものの全部つくり話だった、というもので、実話をもとにしているんです。『嘘をつく人をできるだけ減らすこと』が第一ですが、嘘をつく人は絶対いる以上、嘘をついた人に対して徹底的に検証するという姿勢を業界の多くの人がもつことが大切ですね」

　古田氏はさらに「嘘を検証する」ことこそがジャーナリズムの役割であると続けます。

「メディアには、書かれたことに嘘がないか調べるチェックアンドバランス機能があるべきです。米国ではそのような構造が成り立っていて、そもそもチェックしようという意識のある人たちがとても多い。
　米国では修正憲法第１条で言論の自由を認めています。研究者やジャーナリズムを実践している人たち曰く『言論の自由は、嘘をつく自由も認めているのだ』とのことで、嘘も言論の自由の一部なんです。ただし、我々はジャーナリストとして、嘘を見つけたら許さないし、検証するぞと。チェックアンドバランスが成り立っているんですね」

　古田氏によると、米国には多くのジャーナリズムスクールが

あり、卒業生が業界に毎年多数輩出されていると言います。全員が記者になるわけではないが、たとえば広報など、情報を発信する立場になる人たちが、基礎的な情報発信に関わる職業倫理を就業前に学べるのです。

古田氏自身もジャーナリズムの世界に入りたいという思いから、学生の頃から関連したさまざまな本を多数読み、それらの本の多くには、情報発信者がもつべき職業倫理についてもふれられていたと言います。

「情報発信者がもつべき職業倫理」はまさしく、メディアマインドです。インターネットが登場したことで、個人が情報を発信するのは手軽になりました。しかし、情報倫理に対する意識がないまま情報を流してはいないでしょうか。いま一度、みなさんも振り返ってみていただけたらと思います。

「テキスト」「動画」という切り分け自体がもう古い

最後に、今後のメディア展開についてです。同社では、新たな取り組みとして、動画やSNSなどを用いた、テキストのみにとどまらない多様な情報伝達手法の模索に注力しています。

「米国のバズフィードを見ると、この半年でさまざまな表現を試しているんですよ。米国は社員も1000人以上いて、潤沢な予算もあるのでうらやましいですね。一足飛びにあそこまで向

かうことはできないとしても、日本でも、世の中にはさまざまな表現手法、情報体験があるのだということを伝えていきたいですね」

そのうちの1つがInstagram Storiesです。Instagram Storiesは文字情報、静止画像、動画が1つのストーリー内で自在に切り替わるもので、スマートフォンがあればすぐに作成することができます。

「Instagram Storiesによる情報発信は米国で広がりつつありますが、日本だとほとんどありません。なぜならテキストはテキストメディア、動画は動画メディアと住み分けてしまっているんですね。でも、今はもう、テキスト・画像・動画と単純に分けられるものではないと思いますし、もうそこに区別をつける必要すらないと思います」

バズフィードのポリシーでもある「Reporting To You」。ユーザーのニーズを大切にするバズフィードは、もう「テキスト」だけではユーザーのニーズに応えられないとし、ポストテキストへの未来を見すえていました。

おわりに

　本書は「編集スキルを構造化すること」をテーマに進めている研究内容から、執筆と編集フェーズで必要なスキルを「編集の文法チェックシート」としてまとめたものです。編集者が暗黙知としてもつ知識を見える化し、体系化したものになります。

　今執筆を終えて改めて思うのは、慶應義塾大学大学院システムデザイン・マネジメント研究科（以下、SDM）の門をくぐっていなければ、本書は間違いなく世に出なかったということです。そもそも、感性のおもむくままに文章を編集・執筆していた私が、自分の培ってきていた暗黙知を体系化できたのは、システムズエンジニアリングという技を覚えたからにほかなりません。

　本書の執筆にあたり過去の自分自身を振り返ったとき、私には「文章の才能がない」ことを再確認しました。本書で紹介した中学1年生のときの新聞部のエピソードのほかにも苦労した経験が次々と思い出されました。そんな私が文章術について本を書くようになるとは、当時の私は夢にも思わないでしょう。

　しかし、繰り返しますが、文章力は才能ではありません。こう話すと、講座を受講される方をはじめ色々な人に驚かれますが、文章力がなかなか伸びないのは、伸ばすべき箇所と伸ばすためのノウハウが体系化されていなかったからです。実際、受

講生から「何をもって『うまい文章』なのかわからなかったけれど、このチェックシートで直すべき箇所がわかるようになった」と感想をいくつもいただいています。また、弊社の提供するプログラムの受講生は、短期間で驚くくらいの伸びを実現しています。

　今この本を手に取ってくださったみなさまは、少なからず「文章力を上げたい」と考えられている方だと思います。まず、お伝えしたいのは、あきらめないでほしいということです。文章力は書いて直しを繰り返して伸びていくスキルです。なので、この本を読んだだけでは、スキルは伸びていきません。

　1週間に1度、2週間に1度でもよいので、自分が書いた文章をチェックシートで振り返ってみてください。継続するためのコツは、文章がうまくなってから自分は何をしたいのか？という目的を明確にすることです。あなたは、なぜ、文章力を上げたいのでしょうか？

　私が文章力を伸ばしたかったのは、中学生から大学生までは新聞記者になりたいという夢があったからです。その夢に向かってひたすら猛進していました。夢は破れてしまいましたが、編集者となったときには、読者に役立つ書籍をつくりたい！という強い思いがありました。わかりやすい文章を書きたい、それができなければプロじゃない。そのモチベーションで先輩からの大量の赤字フィードバックを乗り越えていきました。

編集スキルはあらゆる場面で役立つ

　本書では、第1章の「編集者はどのように文章を直すのか？」でしかふれられなかったのですが、編集者の視点で考える能力は、これからますます情報過多になる時代に特に必要となるスキルであると感じています。

　第1章で紹介した「常に読者の視点で考えること」と「伝わる内容にすること」のほかに、「世の中を読み解く力」と「強みを見抜く力」も編集者の強みだと思っています。前者は企画を考えるときに求められる力です。今どういった情報が求められているのかはもちろん、3年後、5年後を見すえて社会のニーズを把握する力です。後者は、著者のよさを最大限に引き出す力です。このスキルはあらゆることがらに適用できる力だと考えています。ものごとの本質を見抜いたうえで、それを周囲に「伝わる内容」にして発信したときの発信力は、とてつもない影響力をもつことになります。

　ブログを毎日更新しているけれど集客につながらない、自社製品のよさを伝えたいけどうまく伝えられない、そもそも自分の強みや製品・サービスの強みがわからないといった悩みをもつ方はぜひ、編集者の視点を身につけてほしいと思います。

　今回は文章術がテーマだったため、編集思考のすべてについてはふれられませんでした。機会があれば何かの形でまとめた

いと思っています。また、編集スキルの体系化は今後も研究を続けていきます。共同研究に興味がある企業様がいらっしゃいましたら、ぜひご連絡ください。

謝辞

　本書が完成したのは、周囲のみなさまの協力とサポートがあったからこそです。

　今回の書籍化のきっかけは、執筆サポートをさせていただいている事業開発コンサルタントの秋山ゆかりさんが開催された勉強会の会場で、ディスカヴァー・トゥエンティワンの干場弓子さんと出会ったことでした。情報過多の時代における文章力のあり方に対して、同じ問題意識をもたれていたことがご縁で、書籍化に向けて企画が動き出しました。このご縁を本当に感謝しております。また、実際に編集をしてくださった堀部直人さんにも大変お世話になりました。提出した原稿への的確なフィードバックにより原稿のクオリティが向上しました。

　取材に快諾いただきましたハフポスト日本版の竹下隆一郎編集長、BuzzFeed Japan の古田大輔編集長からは、メディアマインドのほかにも、今後のメディア像についての見識をうかがうことができました。ありがとうございました。

　ほかにも、私の編集スキルのはじめの一歩を導いてくださった、前職の先輩である市古明典さん、構成を整理するにあたっ

てクリエイティブ思考のノウハウで整理してくれた芝哲也さん、取材構成を手伝ってくれた石徹白未亜さん、執筆が煮詰まったときに励ましとアドバイスをくれた白羽玲子さん、宮下陽子さん、ありがとうございました。

SDMで学んでいた当時、ヒューマンラボでご指導いただきました前野隆司教授、白坂成功教授には大変お世話になりました。感性のみで生きていた私にとってSDMでの学びがなければ、本書は出せませんでした。ありがとうございました。

編集の文法チェックシートを作成するにあたり、的確なアドバイスをくださったSDMの先輩の小林延至さん、シートの評価検証についてご協力いただいた、安倍首相のスピーチライターも務めるSDMの谷口智彦教授、サイエンスライターの小島あゆみさん、日本映像翻訳アカデミーで文章講座を担当する丸山雄一郎さんにも大変お世話になりました。特に、システムズエンジニアリングで「編集スキルを体系化したい」と相談したときに「それは世の中に必要なことだから」と背中を押してくださった谷口教授の言葉には、執筆中に何度も励まされました。ありがとうございました。

執筆にあたり、弊社の編集執筆力プログラムを受講いただいたみなさんとのやり取りが本書の糧となりました。そして、もちろん、この本を手に取ってくださった読者のみなさまにも感謝の気持ちでいっぱいです。「才能に頼らない文章術」という名に恥じない内容を書いたつもりでおります。本書をもとにみ

なさまの文章力が向上していくことが、何よりの喜びです。

　最後に、平日夜と週末をほぼ執筆にあてた私を徹底的にサポートしてくれた夫には頭があがりません。仕事をしながら、料理も洗濯も掃除も引き受けてくれて本当にありがとう。内容を深掘りしたいときに、壁打ち役も担ってくれて助かりました。

　まだまだ未熟な私ですが、今後もみなさまのお役に立てるよう、日々精進していきたいと思います。

　　　　　　　　　　　　　　　2018 年 10 月　上野郁江

［読者特典］
　ご購入いただいた読者のみなさまに読者特典をご用意しました。ぜひ、以下の URL までお越しいただければと思います。

［特設サイト］
　http://www.henshu-no-bunpo.com/tokuten/
　Password：sainonitayoranai1116

［特典］
　編集の文法チェックシート データ版
　添削見本集 ／ 編集の文法一覧シート

「編集の文法チェックシート」でマスター
才能に頼らない文章術

発行日　2018年11月20日　第1刷

Author	上野郁江
Book Designer	杉山健太郎
Publication	株式会社ディスカヴァー・トゥエンティワン 〒102-0093　東京都千代田区平河町2-16-1 平河町森タワー11F TEL　03-3237-8321（代表） FAX　03-3237-8323 http://www.d21.co.jp
Publisher	干場弓子
Editor	堀部直人
Marketing Group Staff	小田孝文　井筒浩　千葉潤子　飯田智樹　佐藤昌幸　谷口奈緒美 古矢薫　蛯原昇　安永智洋　鍋田匠伴　榊原僚　佐竹祐哉　廣内悠理 梅本翔太　田中姫菜　橋本莉奈　川島理　庄司知世　谷中卓 小木曽礼丈　越野志絵良　佐々木玲奈　高橋雛乃
Productive Group Staff	藤田浩芳　千葉正幸　原典宏　林秀樹　三谷祐一　大山聡子 大竹朝子　林拓馬　塔下太朗　松石悠　木下智尋　渡辺基志
Digital Group Staff	清水達也　松原史与志　中澤泰宏　西川なつか　伊東佑真 牧野類　倉田華　伊藤光太郎　高良彰子　佐藤淳基
Global & Public Relations Group Staff	郭迪　田中亜紀　杉田彰子　奥田千晶　連苑如　施華琴
Operations & Accounting Group Staff	山中麻吏　小関勝則　小田木もも　池田望　福永友紀
Assistant Staff	俵敬子　町田加奈子　丸山香織　井澤徳介　藤井多穂子　藤井かおり 葛目美枝子　伊藤香　鈴木洋子　石橋佐知子　伊藤由美　畑野衣見 井上竜之介　斎藤悠人　平井聡一郎　宮崎陽子
Proofreader	文字工房燦光
DTP	株式会社RUHIA
Printing	大日本印刷株式会社

・定価はカバーに表示してあります。本書の無断転載・複写は、著作権法上での例外を除き禁じられています。
　インターネット、モバイル等の電子メディアにおける無断転載ならびに第三者によるスキャンやデジタル化もこれに準じます。
・乱丁・落丁本はお取り替えいたしますので、小社「不良品交換係」まで着払いにてお送りください。
　本書へのご意見ご感想は下記からご送信いただけます。
　http://www.d21.co.jp/contact/personal

ISBN978-4-7993-2383-0
© Ikue Ueno, 2018, Printed in Japan.